少女は、いまでも海の夢を見る

中田美知子

第33回ギャラクシー賞（平成7年度）「ラジオ部門DJパーソナリティ賞」受賞トロフィー
（写真：木内政海）
*本文112頁参照

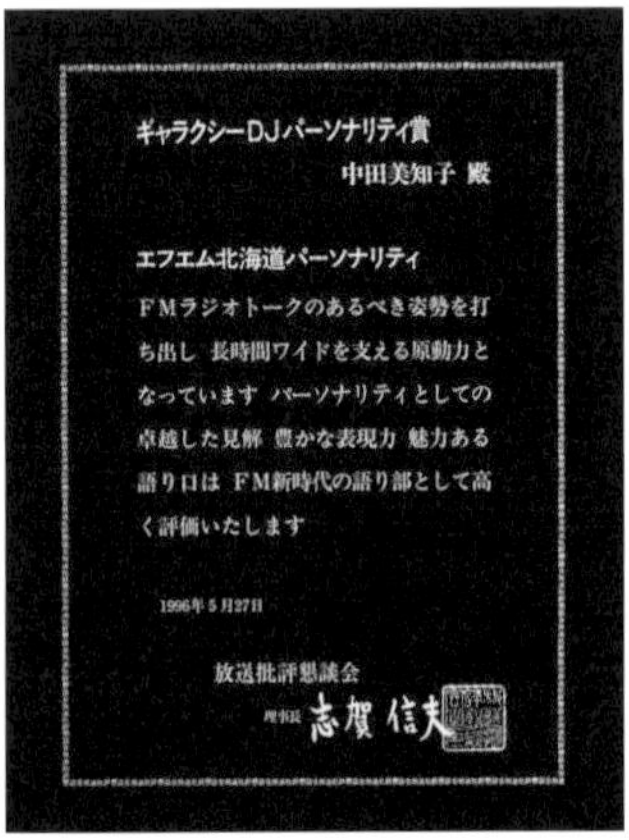

ギャラクシーDJパーソナリティ賞
中田美知子 殿

エフエム北海道パーソナリティ
FMラジオトークのあるべき姿勢を打ち出し 長時間ワイドを支える原動力となっています パーソナリティとしての卓越した見解 豊かな表現力 魅力ある語り口は FM新時代の語り部として高く評価いたします

1996年5月27日

放送批評懇談会
理事長 志賀信夫

*受賞理由
パーソナリティとして卓越した見解、豊かな表現力、魅力ある語り口は、FM新時代の語り部として高く評価いたします。

口絵写真：2000年代初め頃の著者ポートレート（写真：ショウヤ・グリッグ）

少女は、いまでも海の夢を見る＊目　次

第Ⅰ章　放送界、事始め

常識と非常識

一人のアナウンサーの中には、意外なほどの常識と呆れるくらいの非常識が潜《ひそ》んでいるようです。陽気でしっかり者の「のりこ」は、独り暮しのくせに料理の作り方を殆ど知りません。ある日温かい素麺《そうめん》が食べたくなった彼女は、電話で友達に尋《たず》ねました。

「あーら、簡単よ。汁に入れて煮込めばいいんだから」

つけ汁の素を薄めて作った煮汁に、彼女は、和紙でくるんだ素麺の束を、直接放り込みました。蓋《ふた》をして、暫くすると麺は水分をすっかり吸収し、どろどろになっています。

あの時、あの店で食べた、あれとは違うなあ。そう思った彼女の出した結論は次の通り。

――コノ、オソーメンハ、腐ッテイル
数日後、彼女は今度こそと意気込んで、再度、温かい素麺に挑戦。されど、やはり同様に、あえなく素麺は鍋の中で、ぐちゃぐちゃになりました。そこで、彼女が出した結論は次の通り。

――コノ、オソーメンハ、ヤッパリ、腐ッテイタ卵の話は、もっと悲惨を極めます。友達を泊めた翌朝、「卵料理、何にする?」と聞くと、「そうねえ、スクランブル・エッグにして」と言う客。彼女は、すっかり頭を抱え込んでしまいました。どうすれば、卵をフライパンの上で十文字にする事ができるか、わからなかったからです。そうです。彼女は、スクランブルといえば、交差点しか思いつかなかったのです。

最後に念のため、「のりこ」の姓がわかっても、彼女の前で素麺の話はくれぐれも避けて下さい。外見と違って、意外にもデリケートです。先日も「あんたたち、あたしのこと笑うけどね、卵の黄身と白身を分けられるかい? あたし出来るようになったんだからねっ」と北海道弁まる出しで、自慢気に言うけれど、まあ、うちの十歳の娘が、最近卵を片手で割れるようになった事は、黙っておいた方が……いいよね。

ソレニハ意味ハ、ナーイ

私たちのフランス語の先生は、ディスクジョッキーのマリー。見かけは、気位の高いパリ娘。素顔はキュートな二十五歳の女の子です。白い肌に、ピンクの服。素足にサンダルで颯爽《さっそう》と歩く彼女からは、パリの香りが漂います。

週一回、一時間半の授業を終えると、頭の中は、まるで手をつっこまれて脳みそを掻き回されたように大混乱。でも、負けません。近い将来、流暢《りゅうちょう》なフランス語をモノにして、シャンゼリゼやモンマルトルを笑いさんざめきながら歩くという夢があるんですもの。

初めてその言葉を彼女の口から聞いたのは、何時だったかしら。フランス語には男性名詞と女性名詞があります。蝶々は♂、星は♀。――そうだ、その時だ。「デモ、ソレニハ意味ハ、ナーイ。理由ハ、ナーイ」。以後、その言葉を何度聞いた事でしょう。

国にも男と女があって、仏、中、独をはじめ殆どの国は♀ですが、日本、デンマークなど僅かな国が♂。先生が済まなさそうに、「理由ハ、ナーイ。覚エテ下サイ」。

そのうち、冠詞が男女名詞によって異なり、形容詞たるやそれぞれの複数形にあわせて、四種類も活用するものもあれば、三種類も、二種類もあると聞いた頃には、もう「理由ハナーイ」に抗う気力も失せていたのです。――ブローニュの森はどうした。刻苦勉励《こっくべんれい》。

キワメツケは、時計の読み方。十五分過ぎは四分の一（カール）という言い方もあります。四十五分の時には四種類の言い方があります。そろそろ頭脳は飽和状態。吸収を拒否しています。――本場のフランス料理とロマネコンティだぜーと最後の気力をふりしぼって鞭《むち》を入れたとたん、彼女の説明が続きます。十五分の時は、接続詞〝~と〟という意味の〝et〟が入ります。四十五分の時は、入りません。

「何故?」と聞こうとする私たちの機先を制して、マリーの声が行く手を阻み、おごそかに、そして、りんと響き渡るのでした。

「意味ハ、ナーイ。理由ハ、ナーイ」

赤いシルクの輩

芸能人とアナウンサー、似ているようで距離がある。芸能人ってのはね、黒いベルベットのジャケット、裏を見せると、赤いシルクの裏地なんて輩《やから》だと思う。そこへ行くとアナウンサーってのは、黒いベルベットのジャケット、裏を見せても、せいぜい「イブ・サンローラン」なんて縫い取りがある程度である。

M《エム》－BAND《バンド》というロックバンドに、藤タカシくんというヴォーカリストがいる。番組を録音した後、エレベーターまで送りながら、こんな会話をした。

「ねえ、キミの名前、誰かに似てない？　二万四千回のキッスって歌、ヒットした人。藤木孝……よね」

「ボク、その人知らない」

「紫色の学生服を着て歌っていた人も、そんな名前じゃなかった？」

「あ、ボクその人知っている。昔、ショジョボウコウで、捕まった人じゃない？」

彼がそう昂然と言い放った時、エレベーターのドアが私と彼の間で、ぴったりと閉じた。

「ん!?」、何かおかしい。

誤　処女暴行
正　婦女暴行
こんな間違いも、ミュージシャンの彼が言うと、カワユイのである。
随分と前の事。あるアナウンサーの男の子を教えていて驚いた。とにかく、漢字が読めないのである。仕方無しに、知識量を増やすため、言葉を教えた。読み悪《にく》い熟語を、次々に読ませた。そのうちにぶちあたったのが、この「女護ヶ島」という言葉。井原西鶴の『好色一代男』で、主人公の世之介が淫奔な生活のすえ、女人だけが住むというこの島めがけて、好色丸で出帆するというもので、これを彼は、「オンナゴケジマ」と読んだ。——やっだあ！　後家さんばかり居る島みたいじゃない。
誤　オンナゴケジマ
正　ニョゴガシマ or ニョゴノシマ
こんな間違いもアナウンサーがすると、カワユクも何ともない。ただの恥なのである。
ミュージシャンとアナウンサー、近いようでも距離がある。

背丈の小さい女

恋敵に逢った時、「ウーム」と心の中で唸ってしまった。私とは正反対なのである。

背が高く、ハイヒールを履こうものなら、街の雑踏の中で首ひとつ、とび出してしまう私に比べ、彼女は一五〇センチ位だろうか。それも、顔の造作がチマチマっとして、瞳も、鼻梁も、口許も、そして掌も小さい。その娘が、珈琲店でテーブルをはさんで、私と向きあっている。ひなげしのようなその唇から、「お詫びしなければと……でも……彼と、一緒になりたいと……」。とぎれとぎれの言葉を聞いて、私は身を引いた。嫉妬はしても、不思議なことに憎しみは湧かなかった。

男と私の間には八年の月日が流れたが、それ以来、私は背の小さな女のコに弱い。つい羨望の眼差しで見てしまう。フリー・アナウンサーのSを初めて見たとき、八年前の恋敵だった、あの娘の少し震えた声を思い出した。二児の母らしくない細い腰をしていた。ふとした機会に、Sのご亭主とも顔をあわせた。巣を守る親鳥のように、誠実そうな顔で微笑んでいた。倦怠期といってもいい頃なのに、未だに、いとおしそうに妻を見る。その二人に、こんなエピソードがある。

ある冬の夜、夫が外から帰るなり、妻にこう言ったそうだ。

「ねえ、今夜はキミに是非逢わせたい人が居る。ちょっと外へ来ておくれ」

妻は、身づくろいをして外に出る。寒くはないかと左手で肩を抱き、

「ホラ！　あそこにいる」

右手で指さした天空のはるか彼方に、銀色の星が一つ輝いていたそうだ（ナ、ナルホド）。

S夫妻は、三年間の札幌での暮らしに別れを告げ、今月の末、東京へ行く。あのスモッグで汚され、空も星も無い大都会で、二人はどんなメルヘンを語りあうのだろうか。

自分の人生には、何の悔いもないけれど、背丈の小さい女に生まれ変われたら、こんな人生も良いものだろうと、ふと思う今日コノゴロなのである。

スチュワーデスは艶然と

元スチュワーデスという変わった経歴を持つパーソナリティ、さやか。彼女は数年前まで、海外の航空会社に勤務していました。普段はモンロー風の可愛いオバカさんを装った彼女が、その頃の話をした途端、生死の境に幾度か直面したことのある、判断の早い聡明な女性に見えて来ます。

中でも、彼女の便がハイジャックされ、成田に不時着した時の事はヘタな冒険小説よりスリリングで、何度聞いても時のたつのを忘れてしまう程です。以下は、その顚末《てんまつ》です。

その日、コックピットにたてこもった犯人と、直接会話をしたのは、さやかでした。

犯　人「乗客は、逃がしておらんやろなあ！」

さやか「はい、ご安心下さい。逃がしておりません（スチュワーデスたるもの、いつでもキチンと敬語を使うのです）」

数時間後、事態は急転回。コックピットのドアが開き、中から男の大声。

「喉が渇いた。水や、水持って来いっ！」

とたんに「コノヤロー」という怒号。機内は騒然。最前列に結集した屈強な男たちが、一斉に犯人にとびかかり、大捕り物はわずか数分で終わりました。紐でグルグル巻きにされ、横たわる犯人。ところが無抵抗の犯人に対して、乗客は怒りに狂い、殴る蹴るの乱暴が始まりました。そこで、さやかは乗客を諌めます。その時も敬語を使うのを忘れません。

「お気持はよーくわかりますが、この後は、私たちが致します。どうか、おやめ下さい」

この様に、どんな時でも動じないスチュワーデスですが、最後に艶っぽい話を。彼女たちは、ドアの閉まる音だけで、機内のどのトイレに客が入ったかわかるそうです。ある日、男が先に入り、続いて同じトイレに女が入りました。当時はまだ新米だった、さやか。慌てて先輩に報告すると、彼女は艶然とほほえんで、こう答えたそうです。

「あーら、そう。じゃあ時計でも見て、時間を計っておきなさい」

電波を愛した人々の想い

イソシ　ハのちク
これ、何と読むか分りますか？

十数年前、某放送局での天気予報の原稿。オン・エア十分前に各地の気象台から電話で予報が送られて来ます。一字一句書く時間が無いので、こんな具合に略します。読み方は、「石狩、空知、後志地方、晴のち曇りでしょう」

ところが、東京出身、北海道に住むのは初めてという女性アナウンサーが、こう読んだと、今も語り伝えられています。

「石狩、ソビエト、シベリア地方」

ラジオの創成期から今日に至るまで、アナウンサーの様々な失敗談、逸話が残されています。今野布団店をコンノフテンテントンと読んだ話。それを嘲った当人が、コンノフテントンと誤り赤面した話。町村《まちむら》牧場を、町村《ちょうそん》牧場と間違った話。泊まり勤務の男性アナが、酒を呑み、酔っぱらってスタジオに入り、大の字になってマイクを引き寄せ、大声で「こんなニュース読めるかーっ!」。……それが放送された話。

中でも、早番という午前六時半出勤の女性の奮戦記は、特筆に値します。

雪の朝、けたたましく電話のベルが鳴ります。早番の女性アナAが来ないので、近くに住む女性Bが呼ばれたのです。身仕度を整え、急ぐB。エレベーターを待つのももどかしく、五階のスタジオに向かって階段を駆け上がると、廊下の途中に脱ぎ捨てられた靴、片方。二、三歩先に、もう片方。さらに、マフラー。隅に、はじけ飛んだ釦《ぼたん》。放り出されたオーバー。そして、その先、仄明《ほの》るいスタジオの中に、ほてった顔のA。「六時四十五分になります。ハア、ハア」。嗚呼――生放送無事終了。

　ラジオの歴史三十年。愛する人と結ばれた女性も居れば、不倫の恋に身を焦《こ》がした女も、非業の死を遂げた人もいます。スタジオの中は、「兵《つわもの》どもが夢の跡」。マイクロホンのまわりには、今でも、時空を超えて、電波を愛した人々の想いが、そこここに潜んでいるような気がしてならないのです。

お空が泣いている？

「おばさん。ようこちゃんが、いけないよ。僕のこと追いかけて来て、無理矢理キスするんだ」

末娘五歳。保育園の玄関先での事。母親である私を目ざとく見つけて、一人の男の子が、こう訴えかけて来ました。

　紅潮した頬。尖らせた唇。両腕を組んで一生懸命抗議する、その子の端正な顔つきを見ながら、我が娘も面食《こ》いなんだと思いつつ、嫌がる男の子にキスするなどとはもってのほかと、呆れたものでした。

　私の分身と思っていた三人の子。でも、性格は様々で、何事にも慎重な長女は貯め上手。窮余の一策に、私も借金をする事があります。何でも器用にこなす長男。短所は持久力に欠ける事。ひょうきん者の彼は、三百円あれば、一円のはてまで使いきってしまう浪費家です。三番目の末娘は、お金や品物には無頓着で、いつも夢を見ているような所があり、テレビのラブ・シーンを見て、一人、ぽっと顔を赤らめている早熟な女の子です。

子供の発想のユニークさには、時々、目をみはります。青空を見ながら、母子の会話。

子「天気予報って、どこから来るか、ようこ、ようやく分かったわ」

母「あら、どこから来るの？」

子「お空から、お手紙が来るんでしょう」

思わず吹き出した私を、娘が、目を丸くして怪訝《けげん》そうに見ます。その顔つきから察するに、彼女は本当にそう信じ込んでいたようです。子供は、いつも私を意外な世界に連れて行ってくれます。子供を産んで良かったと、そんな時に思うのです。

雪が解けて春が近い頃、久しぶりに降った雨を見ながら、娘は窓辺にすわり、小さな膝をかかえながら、こう話しかけて来ました。

子「ねえママ、雨はどうして降るのかしら」

母「そうねえ、お空が涙を流して、泣いているんじゃない？」

すると、すかさず娘。

子「違うわよママ。お空が、おトイレしているのよ」

光り輝く顔の夢

ＤＪの、のりこは幼い頃、確かに幽霊を見たのです。

或る夏の蒸し暑い夜の事。寝つかれぬまま布団の中で目を開けていると、ポタン、ポタンという音が聞こえてきました。

――あ、雨が降って来た。遠くから猫の声。やがて、雨が密やかなシトシトという音に変わった頃、あたりは、異様な空気を孕《はら》んで来ました。胸騒ぎがします。早鐘《はやがね》の様な心臓の鼓動。隣の布団には、やはり、ブルブル震えている弟。――怖い。今夜、何かが起きる。恐怖に見開いた目に映るのは、開け放った窓と、ぬばたまの闇。降りしきる雨。狂った様な猫の鳴き声。とその時、稲妻が天空を焦がし、暗黒の世界が一瞬、光に晒《さら》されました。

嗚呼、少女は、はっきりと見たのです。

木の下に立つ幽霊を。女の亡霊を。閃光の中に、透き通るほど蒼白な、その顔を!!

キャーッという彼女の悲鳴。隣の部屋から駆けつけた父母。しかし、猫の声など聞こえない、雨も降っていないと母は言うのです。そして、彼女の恐怖はその後、夢として片付けられました。

ところが翌朝、電話のベルが鳴り、向かいの家の奥さんが、昨夜、異様な気配を感じたと話し、「お祓いしないかい？」と言った時、少女は救われた思いがしたのだそうです。

そんな事があってから、彼女には夢のお告げがあるのです。それも、男と運命的な出逢いをする時。例えば、こんな夢……地下街で学生時代の友人と出逢う。確か私はこの人が大好きだった。誰だっけ？　顔を見ようとしても逆光で光り輝いて分からない……。暫くして彼女はその男と実際に出逢い、恋に落ち、数年間を共に過ごし、そして別れました。

つい最近、彼女はまた、光り輝く顔の夢を見たのです。今度は喫茶店に座っている男。一緒に話をするだけで心弾むその人の顔も、輝く光が邪魔をします。幻の人との出逢いを、今日も心待ちにしている、のりこなのです。

言語の自主規制

「おや、君のその足は、少し跛《びっこ》をひいてやしないかい？」

駅裏8号倉庫で見た、貫索舎の演劇の中に、こんなセリフがありました。幼なじみの男二人が、同じ家に住んでいて、一人は粗野で無学、一人は腺病質で秀才。初めは秀才が本を片手に、荒くれ男を侮蔑しきっているのですが、冒頭の言葉を境に立場は逆転し、秀才は次々と、その異常さを観客に見せて行く……というストーリーですが、驚いたのは、その言葉なのです。「跛」というのは、いわゆる放送禁止用語なのです。

放送局には、言語の自主規制があります。例えば、障害者を侮蔑する言葉、盲目《めくら》などがこれにあたります。また、特定の職業、業種の名誉を傷つけるもの。案外知られていませんが、床屋、パーマ屋も、理容院、美容院に直す方が良いとされています。但し、言論統制ではないので、演劇の場合とは異なります。8号倉庫の中で、私は、言ってはならない言葉を聞いて、胸がドキッとしたのです。

もちろん、こんな禁止用語もあります。卑猥、不快な言葉。ドス、どてっ腹、スケ、ヒモ。では、どの様に言い換えればよいのでしょう。

訂正前＝この野郎！　俺のスケのヒモになりてぇだと、どてっ腹にドスで穴あけたろか！

訂正後＝この男め！　俺の女友達の男友達になりたいだと、腹部に短刀で穴あけたろか！

「あのう、ブスやハゲは禁止用語ですか？」と尋ねた人がいます。確かに対象者の心を、傷つけます。判断の難しいところでしょう。

禁止用語を使わないためには、話題にしなければ良いのです。見なければ良いのです。無視すれば良いのです。でも、果たしてそうでしょうか。世の中は、沢山の言葉をふるいにかけ、人畜無害な言葉を残そうとします。網の目の隙間から、生き生きと躍動する沢山の言葉もまた、消えていきます。

もしかしたら、消えていったのは言葉ばかりでなく、ぶつかりながらもいたわりあった、人の心もまた、ふるい落としてしまったのではないでしょうか。

知ってはならない言葉

世の中には、知らなければならない言葉もあれば、知ってはならない言葉もあります。

以下は、ある観相家の実話です。ヤクザ用語では、仲間の事を「ダチ」、素人衆の事を――あまり知られていませんが――「ネス」と言うそうです。若き日の彼は、そんな言葉をひけらかし、粋がる一面もありました。

終戦後まもなく、東京浅草の国際通り、賑やかな大道で、彼が人相手相を観ていた頃の事。いきなり目の前に、黒塗りのピカピカの外車が横づけされました。

当時、評判の高い易者を、御大家の運転手が迎えに来るというのは、よくある話だったので、とうとう自分にも、御鉢が回って来たと思ったその時、車を降りたった人の姿を見て驚きました。ダボシャツに胴巻、ステテコに雪駄、黒メガネという出で立ちのその人は穏やかな声で彼に尋ねました。

「おまえさんオトモダチかい？　それとも、ネスかい？」

その優しい調子につられて、つい、こう答えました。

「はい、ネスです」

その途端、男は急に声を荒げ、

「バカ野郎！　ネスが、自分の事をネスなんて言うかっ！」

その怒鳴り声に、たちまち周囲は黒山の人だかり。男の威嚇《いかく》に怯え、ガタガタと震えていると、人混みをかき分けて「お兄いさん、どうなすったい」という聞き覚えのある声。彼はホッとしました。

彼の師匠と懇意にしていたその易者のとりなしで、ヤクザの男は、ようやく彼を堅気と認め、矛先《ほこさき》を収めてくれたのです。その日の収入は全部、男の酒代に消えました。

三十数年たった今でも、この話を彼は、子供を持つ親によく聞かせるそうです。青年期の子供が、もし夜の世界の隠語を得意げに使うことがあったら、この逸話が役立ちます。そんな事は粋でも何でもないので諌めなさいと。もう一度、繰り返します。世の中には、決して知ってはならない言葉もあるのです。

ところで、この文章を読んでネスという言葉の意味を知っちゃった、あなた。

「アナタハ、ダイジョウブ、デスカ？」

妄想ヲ、タクマシク

けっこう、結婚式の司会もします。無駄な事を喋らず、案外、評判がいいんです。中でも、素人衆がスゴイ！と言ってくれるのは、祝電です。カタカナのまま、漢字に直さずとも、スラスラ読めるのです。単純な文字を見つめ、一呼吸しただけで、内容が瞬時に把握できるのです。もちろん、キタミのカズコさんを、北見和子と、人の名前で紹介するなんて誤りを、堂々としていたかもしれません。

もう、十年も前の事ですから、例え本人がこれを読んだとしても、笑って許してくれるでしょうか。或る料理店のご主人が、長いこと患ってから亡くなりました。ユニークな方だったらしく、葬式は無宗教無宗派、しかも賑やかに歌を歌い、送って欲しいというのが、本人の希望でした。その、一風変わった告別式の司会をした訳です。弔辞、葬儀委員長あいさつなどがしめやかに行われて、さて、弔電紹介とあいなりました。

女性の声では重々しさに欠ける、という事で中年の男性が、蓮の花模様のついた電報を持ち、マイクの前に立ちました。何気なく目をやると、驚いた事に、漢字に直していないのです。これは危ない。絶句したら口伝えに教えてあげようと、見守っていると、タカギをタカハシ、カンダをヤマダなんてなかなか大胆な間違いを、なさるのです。

そうこうするうちに、ウッと詰まっているので、「ホクダイセイタイカガク、ケンキュウカイ（北大生体化学研究会）」と小声で囁くと、彼はおもむろにこう読みあげました。

「ホクダイ、セイタイケン、ケンキュウカイ（北大性体験研究会）」

また、こんな事もありました。今度は祝電。サッポロ、シセイコウロウシャ（札幌市政功労者）。これを、花嫁の若く美しき友人は、サッポロシで区切って、披露してしまったのです。モチロン、ダカラトイッテ、妄想ヲ、タクマシクシテ、イヤラシイ想像ヲ、シタノハ、私クライカモ、シレマセンガ……。

新人アナ時代

今は、落ちついたキャリア・ガールを気取っていても、私、新米時代は、かなり破天荒でした。考えられないミスをしたものです。

新人アナの仕事の一つに「運行アナウンス」があります。スタジオの中、生放送で、限られた秒数の間に、次の番組紹介や時間告知をするのです。目の前にあるのは、デジタル時計。数字をそのまま読めば、一時三十二分。なのに、口をついて出た声は、ナント「五時三十二分です」。ガラスを挟んで、技術さんは大慌て。でも訂正する間もなく、次の番組が流れます。放送ミスに、釧路からはＯＬ嬢の抗議の電話。その後、たて続けに同じミスを三回。さすがに私も蒼ざめましたね。要するに、私、目と頭脳と口を結んだラインが突然プッツンする事があるのです。

入社一年目、ラジオのワイド番組に出演していた頃の事。男性アナウンサーが私の前で、ニュースを読んでいます。当然、私は押し黙っていなければなりません。その間、私が何を考えるかというと、急にプッツンした口が、私のコントロールをふり切って、あらぬ事を喋り出したらどうしよう――。そう考えると底無しの不安にかられるので、別の事に神経を集中します。ニュース終了後、何を言おうか……。「あと二分で三時になります」か「まもなく二時五十八分です」に、しようか？　あまり違いのない事で迷っている内に、とうとう、その時が来ました。はりきって、「三時に、あと二分」と言った途端、私、絶句しました。このあと、どう続けたらいいかわからなくなったのです。

「あと二分です」とでも言えば良かったと思っても、あとの祭り。言葉は二分と言ったまま、助詞もつかずに宙ぶらりん。そしてスタッフ一同固唾をのんで見守る中、私は顔を赤らめながら、とうとうこう続けました。

「三時に、あと二分……タリマセン」

春近し、パリッとスーツを着た新入社員を見る度に、若き日を思い出す私です。

伝染する結婚熱

この春、私のまわりの人々が、次々と結婚します。彼らの殆どが、独身主義者か、或いは、消極的な独身維持者だと思っていた私は、ただ驚くばかり。結婚熱というのは伝染するからイケマセン。こんな時、発作的に結婚する輩も増えるのです。まァ結婚なんてシロモノは、発作でも起こさなければ、到底デキマセン。こんな奇妙な結婚流行に一言。

「みんな結婚しちゃえばいい。キミには伴侶がいる。でも、私には自由がある」

こんな私の気持を理解してくれるのは、十五年来の友人Ｓ。離婚歴二回。子供二人。

「雪の北海道は、いいわよ」

そう私が言ってまもなく、彼女は就職先を札幌市内に決めて、突然東京から引越しをして来ました。常に新天地を開拓する彼女に、「貴女の先祖は、騎馬民族よ、きっと」と冗談を言った事があります。

お金が無いと年中嘆いている割には、世界各地を旅行している彼女が、単身アメリカ旅行の準備をしている時、私はマンションを購入しました。その時、彼女が一言。

「私は一生、家なんか買えないわ。でも、いいの。あなたにはお金がある。でも、私には夢がある」

彼女の家に行くと、海外旅行の想い出の品々が沢山あります。インドのサリー、ロシアのバラライカ、シルクロードの怪しげなシャツに至るまで。一方、私は海外旅行処女。その代わり、仕事柄、男友達の数は私の方が圧倒的に多いので、悔し紛れに私の結論。

「あなたには旅がある。でも、私には男がいる」

十五年前、私たちは花のような女子大生でした。その後それぞれが恋をし、結婚し、母となり、シングルになりました。そして人生の岐路に立った時、いつも私の傍に彼女がいました。日曜日、午後の陽だまりの中で彼女が一言。

「あの頃に比べると、私たち、随分いろんなもの、背負って来ちゃったわねえ」

そんな彼女の横顔を見ながら、心の中で私の呟き。

「みんな結婚したければ、しちゃえばいい。キミには伴侶ができた。でも、私には友がいる」

機嫌の悪い歯科医師

髪が、めっきり白くなってきた歯科医師は、最近機嫌が悪かった――。近頃の患者と来たら、歯を軽んずる事、甚だしい。人間の健康は、全て歯に支配されているという事を、誰も解ろうとしない。それに、あの女性アナウンサーは何だ。予約時間に遅れる。時には、すっぽかす。

おまけに歯を入れてやったら「先生、これじゃサ行が発音できません」と来た。

奥歯は、ほったらかしておいて、

「上の前歯の隙間は、私たちの命とりです」だと？

「来週の月曜日、TVの録画があります。それまでに治りますか？」だって？

そうだ、いつもの科白を皮肉たっぷりに、言ってやろう。

「――あなたね、腕を骨折したとして、何時までに治して下さいと医者に頼みますか？」

彼は近くに出来たファッショナブルなデンタル・クリニックにも腹を立てていた。

――まるで美容院のようだ。しかも、あの医者、頭も腕も悪そうだ。

その時、最近とみに閑散としてきた待合室のドアを、音も無く開けて、妙齢の御婦人が入って来た。物静かで、礼儀正しい言葉づかい。そっと取り出した白いレースのハンカチ。彼は、この人だ！と直感した。口の中を見ると、三本の虫歯があり、下手な治療をされて、噛み合わせが酷かった。彼は、歯科医としての全能力を傾けて、完璧な歯を造ろうと決心した。その女性は実に従順だった。不自然な姿勢もよく我慢した。一心不乱に歯を削っていて、つい歯ぐきを傷つけてしまった時も、ピクリとしただけだった。昼夜、寝食を忘れ治療を続けた彼は、三ヶ月後、とうとう感嘆の声をあげた。

「素晴らしい。完全だ」

しかし彼女は答えなかった。極度の疲労と衰弱で、小さな弱い心臓は、その動きを停止していた。もう何も聞こえない耳に向かって、彼は満足そうに囁いた。

「どうです。理想的な歯です。貴女はこの歯であと四十年は生きて行けます」

歯医者さんに叱られてばかりのミチコさん。秋の夜のショート・ショートでした。

娘の作文

子供たちの目に母親は、どんな人間に見えるのか、心の中を覗いてみたくなります。

小学校四年になると、「私の母」という題で作文を書かされます。長女の時は、母の（トイウコトハ、ツマリ私ノ）検閲を受けずに、学校へ提出しましたが、何の問題もありませんでした。ところが、長男の時には、既に先生から四重丸を貰った作文を、机の上で発見し、それこそ、目の玉がひっくり返るくらい驚きました。

「うちの母は、アナウンサーです」に始まって、「家にいる時は、いつもねています」と続き、あとは洗濯機の水が溢れた事、鍋を焦げつかせた事など失敗談に及び、「仕事がいそがしくて、朝四時にかえってきたこともあります」と、悪業が暴かれているのです。

何喰わぬ顔で帰って来た息子を捕まえて、

「アナタねえ、こんな風に書いて、ママが傷つくと思わなかったの？」

と尋ねると、

「だって、参観日に読んだら皆、喜んで笑っていたよ」

その言葉に、また愕然とした私でした。

次女の時は、失敗を繰り返すまいと、側につきっきりでした。

「うちの母は、フリーのアナウンサーです。テレビやラジオに出ています」

好調な書き出しです。

「私も、お兄ちゃんといっしょにラジオに出ました。お兄ちゃんの声は大きくて、みんなびっくりしましたが、私の声は、ありのようでした」

子供らしい表現です。ここで、残念ながら私は、仕事へ行く時間。娘が「ママ、結婚式の事書いていい？」と聞くので、「いいわよ」と言いながら、知人の息子さんの結婚式の司会をした私の姿を、三人の子供が出席して見ていた事を思い出しました。

そして、そのまま作文の事をすっかり忘れてしまったのです。

二、三日後、先生から返ってきた娘の作文の続きは、こうでした。

「結婚式の仕事は、六月がいそがしいそうです。式の間、お客さんは食事をしても、お母さんは何も食べられません」

ソウシテ、「さいごに、『ありがとうございます』と言ってから、お金をもらいます」

「やらせ」のインタビュー

今までに一度だけ、「やらせ」のインタビューをした事があります。新人アナウンサーの頃、放送局に入社した年の夏でした。

ラジオのワイド番組を担当していた私に、ディレクターが、「オマエ、インタビューできるか？　ちょっと、痴漢に話を聞いて来てくれないか」と言うのです。

当時の私は、花も恥じらう二十二歳。あまりの破廉恥な成り行きに、唖然としながら、これも仕事と自分に言いきかせながら、録音機を持つ彼の後について行きました。

私の抱いた疑問は、当の痴漢をどうやって探したのか？　私は痴漢ですと名乗る男など果しているのだろうか？――という事でした。

インタビューは、とても難しいものです。端から見れば、おもしろおかしく対話しているように思われますが、いささかテクニックも必要です。まず、聞き手は少ない言葉で、相手に多くを語らせる事が大切です。

下手クソな人が尋ねると、相手は「ハイ」しか言っていない事が、よくあります。また相手から、思いがけず良い答が返って来ると、実に嬉しいものです。でも当時の私は、そんな事はつゆ知らず、度胸だけで臨んだのです。

件《くだん》のディレクターに連れられて行った先は、北海道庁の前庭。

「ホラ、キミも知っているA社の課長に、チカンという設定で答えて貰うから」

ああソウカと妙に感心した私は、課長にマイクを向けます。普段は人格高潔の士といった感じのその人は、オドオドと落ち着かない様子。もう、すっかり痴漢になりきって、私の質問に巧妙に答えます。あまりの迫真の演技に、私はとうとう怒鳴ってしまいました。

「アナタねえ、痴漢なんかして恥ずかしいと思わないんですかッ！」

十五年たって、最近その課長と街で出逢いました。本気で怒ったのも、今では笑い話です。でも、私は心密かに疑っています。あの時のインタビューはヤラセではなく、あの人は、実は本物の痴漢だったのではナカロウカ。

キスは愛の証拠か

バレンタインにちなんで、愛についての粋な科白を集めてみました。

「ギャルソン、上に部屋を取ってくれ」

映画「男と女」で、ジャン＝ルイ・トランティニャンが、アヌーク・エーメと食事をしながら、ボーイに言った言葉。フランス人は、ビフテキ・フリット（牛肉のステーキに、フライドポテトを添えたもの）をよく食べるとか。日本のように、ステーキは高いというイメージのある国の人間としては、牛肉に対する意識の違いに、思わず唸ったシーンでもある。想いを寄せあった男と女が、ホテルのレストランで食事をしている。そこで、
男「ステーキだけじゃ不満そうだよ」

女「じゃあ、他に何か頼んだら？」

そして、ボーイをテーブル近くに呼び、いきなり冒頭のセリフです。こんな風に誘われて、堕ちてみたいと何度思った事でしょう。このあとカメラは、女の官能的な表情を写します。結局、女は死んだ夫が忘れられず、二人は別れるのかと思いきや――男は女の後を追い、駅で熱い抱擁をする感動のラストシーンと、あいなります。

続編の「男と女Ⅱ」では、その後の二人が描かれていて、女は男を更に拒絶するんです

ね。ここもなかなかシャレていて、二人は駅で別々の電話ボックスに入り、女が男に電話。死んだ夫の名を呼んで「あなた、今、駅にいるの。迎えに来て」と言うのです。

「キスは愛の証拠にならん」

七〇年代の西部劇「シルバラード」で、馬を盗まれた男が馬泥棒を撃ち殺し、保安官に尋問されるシーン。馬は嬉しそうに男にキスをしています。

「この馬は、本当にお前のものか？」と聞かれて、

「この馬は俺を愛している」

と答えた後の保安官のセリフ。キスも挨拶がわりの昨今。酔って女が男にキスをしたとて、愛の証《あかし》とは、ゆめゆめ思うべからず。

「朝、目がさめた時、あなたがそばにいたら素敵ね」

ミチコさん二十二歳、愛の告白のセリフ。その男とは一年を共に過ごし、別れています。

局アナは正妻

局アナは正妻。フリー・アナは愛人。だから、いつもキラキラ光っていたい。

インタビューを受けると、フリーと放送局にいるアナウンサーと、どこが違うかと必ず聞かれた。私が両方を経験していたからである。冒頭のコメントが気に入って、その都度

答えていたら、ある日、中学一年の娘が非難がましくこう言った。
「これって、ママ、どこででも言ってんじゃない？」
そこで今回は、局アナとの違いを徹底的に探ってみたい。
以下、フリーを愛、局アナを正と記し、その価値観を○△×で表わしてみよう。
正　安月給で働かなきゃなんない　×
愛　お金がガッポリ儲かる　○
正　死ネッ！と思ったヤツと、翌日も会わなきゃなんない　×
愛　今日、ナンダコイツと思ったヤツと、明日は顔をあわさずに済む　○
正　仕事が無くても給料が貰える。何てったってボーナスがある　◎
愛　仕事したくないナァと思っても、頭の中で万札がチラつき、福沢諭吉さんに向かってニッコリ笑うと、客は、自分に微笑んでいるのだと錯覚してくれる　○
正　マイクの前で、キツイ事を話そうと思った瞬間、コワイ上司の顔が浮かび、ちょっと躊躇《とまど》う　△
愛　あたしゃ中田だもんね……と開き直って喋れる　○
正　おばさんになっても他の部に行ける　○
愛　多角経営しないと俺たちに明日はない　×
読み返してみると、どうも立場は五分五分だと思う。ただ正にはボーナスがある。愛には自由があると、かねがね思っていた。

ナノニ奇妙な御縁で、ＦＭ北海道に正社員として入社する事になった。

「キミはァ、これからァ、企業人としてェ」

と説教する男ドモを尻目に、やりたい事やるもんねえと思っている。

どうぞヨロシク。この春、私はＯＬ一年生。

もっと奥地へ

飛ぶ、泳ぐ、登る。この中から、私は躊躇せずに「泳ぐ」を選びたい。山の頂上を踏破した喜びは、目の中に入る額の汗を拭いながら、顔の火照が心地良いのだけれど、途中の忍耐が嫌でたまらない。こんな苦しい思いを、何故好んでしたがるのだと思ってしまう。人は昔、鳥だったのかもしれないねと、空を恋しく想う事もあるのだけれど、息子が赤ん坊の頃、誤ってワックスを飲んで救急病院へ走った折、そこで見た担架の上の血だらけの男の姿が脳裏をよぎる。付添った男が、ひきつった声で「ハンググライダーで落ちたんです」と叫んでいたっけ。こんなに体の重い私が空を飛んだら、墜落するに違いないと、頑《かたく》なに信じている。

私は、やっぱり海が好きっ。前世は魚だったのではなかろうかと時々思う。積丹の裏側で、毎年テントをはる。玉砂利が実に美しい。岩場を泳いでいると、十メートル位の深さの裂け目がある。晴れた日には、水の中で光が揺れる。ここを「幻の日本海溝」と名付け、心密かに愛してきた。ちなみに私の泳ぎの腕前は、東京では「梅」クラスだったけれど、北海道では堂々の「松」クラス。人は皆、私の泳ぎを「逞しい」とか「パワフル」と評する。

キャンプ場でのメニューは、ディチェコのめんたいこスパゲティ、鶏の丸焼き、焼きマシュマロが三種の神器で、時々、中央卸売市場で買った山女《やまめ》か鮎の串焼きを加える。「どこで釣ったんですか？」と尋ねられて、「ええ、そこで」と答えるのが愉しい。肉汁が滴る鶏の胸肉を削いで手で食し、串に刺したマシュマロを焙り、表面がきめ細やかなキツネ色に染まった頃、アツッと言いながら頬張る。

五年前は人も疎《まばら》だったキャンプ場に、昨年あたりから人が殺到するようになった。テントの数は三倍ぐらい、夜はカラオケが騒々しい。中には、発電機をまわして、炊飯器でごはんを炊く輩《やから》までいるのだゾッ。美知子さん、今年はもっと奥地へと進むしかない。

年中ホラー

世の中には、不思議な事が起きるものである。私はスプーン曲げを信じていなかった。ところが友達のマユコが、我が家のステンレス製のスプーンを飴細工のように曲げ、仕舞には金属を二つのパーツに分けてしまった。切断面は、ねじ切れている。その間、彼女は全く力を入れず、ただ人差し指と親指で柄《え》を挟み、こすっているだけなのであった。それ以来、私は彼女の超能力を信じている。

マユコは、私たちには見えないものを視ると言う。ある暑い夏の宵、友人を四十人程招いてパーティーをした事がある。ひっきりなしに人が出入りしたパーティーが一段落し、八人程で寛いでいると、彼女が廊下の端の部屋をしきりと気にしていて、「まだ、誰か居た？」と私に尋ねる。

「今、黄色いチェックのワンピースを着た女の子が、あの部屋から出てきて、私と目が合ったらスッと玄関から出て行ったのよ」

私は、そんな少女に心あたりは無い。

「あの窓から、こっちを見てる。見ちゃダメ」

その夜、その窓を調べるとブラインドの向うの網戸が半分、開いていた。朝、はずれた受話器を子供が見つけ耳にあてると、電話の向うで受話器を置く音がした。

「ママ、誰かが電話を切ったヨ」

そして、伯母の部屋のドアを早朝ノックした者が居る。子供に話したら怖がるだろうと私一人の胸にしまい、恐れ戦《おのの》きながらも少しだけ愉しんでいた。

あれから二度目の夏が過ぎて行く。そう言えばこのごろ、不思議な事も起こらなくなっちゃった。今思えば、私は何も見えないから、視えるマユコの尻馬に乗っかって、想像を逞しくしていただけなのかもしれない。それとも本当に少女は居たのだろうか。私が鈍感だから出て行ってしまったのかもしれない。

今夜、家に帰ったら窓を見て下さい。私の家を飛び出し、自分を見つけてくれる人を捜して、あの黄色いチェックのワンピースの少女が、のぞいているかもしれません。そう、今は、一年中がホラーシーズンなのだから。

ナマ放送と赤ちゃんのおっぱい

昔、放送といえば水戸黄門の印籠のようなものだった。これを出すと人は喜んで情報を提供してくれたし、アナウンサーといえば憧れの目で見てくれたし、何よりも低賃金でも人が集まった。なのに今や人を募集しても、女工哀史にも似た苛酷な労働条件を聞き、口をあんぐりと開け、「時給いくらですか?」の質問にホントーの金額を教えた途端、相手の顔が曇るのである。放送に命をはった仕事師たちの夢も今は昔のことで、テレビやラジオがそれだけで栄華を誇った時代は、確実に終わりつつある。

二年程前の事になるが、ある地区の文化祭で行われた和裁学校のファッション・ショーの司会をした。生徒たちが縫いあげた振袖や小紋を、自分で着てステージに立つ、自作自演のショーである。目にも艶やかな京友禅、金箔をほどこした豪華な帯、年に一回のこの催しを、私は愉しみにしていた。

ところがこの日の夜、別の仕事が入ってしまった。「午後四時半にショーは終わる」との確約を得て、私は札幌芸術の森美術館での仕事を受けたのだが、当日、出番間近の四時に、ステージ脇に行って驚いた。進行は大幅に遅れ、プログラムはまだ私たちの四つ前なのである。

詩吟のおじいちゃんたちや、銀ラメのドレスや編み込みのセーターを着た編み物学校の生徒さんたちが、今か今かと待ちかまえている。こりゃ大変だと慌てふためく私を見て、校長先生がショーの順番を繰り上げてもらうよう頼み込むと、編み物ショーの女性たちの非難の目が、一斉に私に向けられた。

「すみませんねぇ、この方、ナマ放送があるんですよ」

校長先生の小さな嘘に、怒れる集団のざわめきが一層昂まり、その中から「ウチの児の母乳の時間だってあるわよ」という声も聞こえてきた。お乳を欲しがって泣く児と、困り果てた旦那さんの顔を思い浮かべた。

結局順番はそのままだったが、車を飛ばして仕事には間にあった。しかしあの日、ナマ放送の威力は、「赤ちゃんのおっぱい」に勝てなかったのである。

オバタリアンの聖夜

「みどり児」と言うからには、赤ちゃんは緑色をして生まれて来るんだと、小さい頃は漠然と考えていた。さすがに自分が出産する頃には、赤ん坊はゆで蛸のような色だと知ってはいたが、手を握りしめてこの世に出ずるのかと思いきや、我が子はガラパゴス諸島のイグアナよろしく、指を開いていた。

聞くと見るでは大違い、見るとするでは大違いなのである。その最たるものは「産みの苦しみ」で、長女を出産した二十四歳の時、こんなコトを全女性の約半分、「母」と呼ばれる人が、すべからく体験したのかと思ったら、凄い事だと思った。愛娘誕生の喜びとひきかえに私が無くしたものは、感性のひらめきと鋭さで、陣痛の痛さで頭のネジが一本抜けたと初産で思ったが、三回目には何本抜けたかも分からなくなった。

昼の番組にもかかわらず「2時いろネットワーク」には、ミセスのユーモラスでリアルな話が寄せられる。

「私は三ヶ月後に出産を控えています。陣痛はどんな痛みなんでしょう。友達のケイは分娩室でイタイ、イタイと泣いていたら、助産婦さんに『旦那様も心配そうに外で待ってましたよ』と言われて『それが何だって言うのよ』と怒鳴りそうになったって言ってました」

とか、

「産院の病室で聞いた話です。隣の分娩台の人が、やたら大声で騒ぐ人で、陣痛が押し寄せる度に『やすしーっ！（旦那様の名）オメーのせいだ。今度はテメェが産んでみろ』と叫んでたそうです。アタシも、できるものならタツノオトシゴみたいに、オスに卵子を産みつけてやりたい」

かと思うと、「一歳半の息子が、私の泣いているのを見て『ママ、ママ』と心配そうにしてます。でも私自身、ハハが恋しいマザコン娘です」には妙に共感してしまった。

今から一九九〇年ほど前、処女のまま救い主をこの世に送り出した女性も、私たちと同じ苦痛に身を委ねたのだろうか。きっと昔の女性は、たじろがずに痛みを受け止めたんだろう。オバタリアンの聖夜、ロマンティックな事ばかり考えてもいられない。

地球人の二十一世紀

五十歳ぐらいになって子供たちが独り立ちしたら、その時そばにいた男と結婚してしまおうか、とも思っている。老いらくの恋なんてものではなく、結構インランな愛に溺れてその果てに、ナンテ設定も良い。そして、その男と豪華客船に乗って旅をして、時々些細な事でロゲンカをしながら世界中をまわり、黄昏まで海を見て暮らすのである。私によりそっている男のタイプは、女にしなだれかかるミッキー・ロークよりも、枯れてもなお、目つきが色っぽいショーン・コネリーみたいな人がいい。私のわがままをコントロールしてくれそうだ。

しかし、その頃は二十一世紀、世の中はどう変わっているのだろう。小さい頃は、ナスのような後頭部の宇宙人と、手足が退化して細くなった地球人が握手をするのが二十一世紀だと思っていた。

「花嫁はエイリアン」という映画の中で、キム・ベイシンガー演ずる進化した生物の宇宙人はキスを知らない。物を食べる事も知らず、口の中で食物をかんで喜び、ＳＥＸを知らず、男優のダン・エイクロイドに向かって「これはあなたが考えたことなの？」ナンテ言うから笑ってしまう。地球人も、二十一世紀には栄養を錠剤で補給しているかもしれないと思っていたが、むしろ食べる事は快楽になるのかもしれない。

五年程前、時代の流れを汲みとるのが巧みな一人の男性が、こんなことを言っていた。

「これから男の権威は落ちる一方でしょう。そして、女が台頭して男を不当に虐げる時代が来ます。そしてその後、男と女は、仲良くやっていく術《すべ》を知るでしょう。でも……その頃まで、地球はあるのでしょうかねぇ」

かつて、二〇〇一年には宇宙の旅ができるかもしれないと夢を見たが、今の海外旅行なみにはなっていそうもない。一方地球は、滅亡しないまでも、健康を害してしまうかもしれない。森林伐採による熱帯雨林の砂漠化は、一気に進むとか。二十一世紀、オババの恋。海に沈む夕陽を、愛する男と心おだやかに見るために、今から紙の無駄使いをやめておこうかナっと。

バーで知的遊戯

「あんな品性下劣な女は大嫌いだ。他人を利用するだけ利用しおって！」

ごつい顔した初老の男性が突然、悪態をつき始めたので驚いた。私とは初対面の人である。パーティから流れて男女五人、ホテルのスカイレストランでワインを飲んでいるうちに、話が当時北海道で注目を集め始めた女性に及んだ途端、私の隣に座ったお医者様が声を荒げて怒り出した。

びっくりした顔の私に、彼は気を取り直してこう言った。

「この年齢になると、気にいらん奴とはつきあわなくなりますよ。残された時間を無駄にはしたくないのでね」

そうかもしれない。人生のカウント・ダウンが始まったら、無理して他人に自分をあわせる必要もないだろう。

ところで、ススキノに洒落たカクテル・バーがある。高価な花がさりげなく飾られた店内で、白のブレザーを着た美形のバーテンダーが二人、きちんとしたマナーで客に接している。一度、オエライサンに連れて行ってもらい感激し、すぐにでもまた行きたかったが、私の男友達ときたら「飲む」より「浴びる」、カッコつけるよりどんちゃん騒ぎという御乱行タイプが多いので、店の雰囲気を考えると同行するのが憚られた。

思い迷っているうち、十七年前に別れた恋人が逢いたいと電話してきた。彼の父親はかつて某国大使館のグランシェフで、本人も食い物と酒にはやたらと詳しい。見てくれに多少難はあったが、そやつにエスコートさせて店を訪ね、軽いカクテルを二杯、最後にブランデー・ベースでと頼むと「美形」氏は、うやうやしく運んできた二つのグラスに控えめに言葉を添えた。

「口あたりは良いけれど強めのお酒で、名前は『Between the Sheets（シーツの中で）』と言います」

私たち二人、「美形」氏の後姿を見送った後、顔を見あわせキマリマシタネと呟いてしまった。どうやら、私たちは大人の関係と見られたらしい。

そのバーへ行くと知的遊戯ができそうで、私はちょっと無理して気張って行く。今の人生まだ半ば、少しだけ背のびした所に、今の私の「快適」がある。

四十歳からが女

私の男友達は美人が好きで、見目麗しくないと世の中に存在する価値もないと、ひどい事を言う。新聞記者Aはクラシックが好きで、こまめにコンサート通いをしているが、先日バーのカウンターで火酒《ウイスキー》のロックを飲りながら「美人はどんなときでもきれいだけど、ブスが恍惚の表情をしても不気味なだけだ」と怒ったように言う。何のことかと思ったら、その日の演奏会、バイオリンのソリストの話だそうだ。

ちなみにコイツの住所録には「美人の項」があって、「今年は不作だ。三人しかいない」などと不届きな事を言っている。

フリーライターのNは、ある夜ススキノのエレベーターで、偶然に居合わせたカップルに向かって「アナタ、こんなブスと一緒に居て、よく平気ですね」と言ったら、男も大したもので女の目の前でNをブン殴ったそうだ。口が災いするタイプである。

実を言うと私自身は中学の時、ガリ勉タイプのメガネブタだった。ところが高校時代にコンタクト・レンズにした途端、男が近寄って来たもんだからショセン男が好きなのは心より顔、浅薄なもんだと思う一方、ブスだった頃の記憶もナマナマしいので、「オレってブスが嫌い」と彼等が平然と言うとブっとばしたくなる。

ただ気をつけて見ていると、彼等のまわりにはいわゆる知的な年増が多く、「若い娘はお尻も胸もピチピチしてええなあ」という脂ぎった話をしているのを、私は聞いたことがない。要するに、彼等は女性の、顔やスタイル、若さだけを基準に美人とブスとを分別している訳ではないようだ。彼女たちの容貌からエスプリを感じとり、生き方への意志を見るのだろう。

最近、ヨーロッパ旅行をした人から聞いた話だが、フランスでは四十歳までではなく四十歳からが「女」なのだそうだ。

キスで国際化

「朝、目がさめた時、あなたがそばにいたら素敵ね」

これはその昔、二十代の私が恋人に囁いたセリフである。車の中でキスしたあと言ったような気もするし、歩きながら後姿で彼に言ったような気もする。いずれにしてもまわりには誰もいなかった。今考えるとせいいっぱいの愛の表現だったのだろうが、好きだと言うのに抵抗があって、まわりくどい言い方しかできなかったのだろう。

しかし、最近の風潮を見ると、愛情表現がどこかあけすけなのである。それが世代なのか、時代なのか、性格の相違なのかはわからない。

この冬、若いカップルを後ろに乗せて車でスキーに行った。男の方は仕事のつきあいで女とは初対面である。ニセコのペンションから温泉宿の雪秩父へ移動する途中、つい話に夢中になりフッと後部座席の二人に話かけたら、彼等はキスをするところだった。

こんな至近距離で見たのは初めてだったので「あ……ゴメン」としどろもどろしたら、男の方は「いやあ、この娘キスが好きなんです」ときたもんだ。

二人はお互いを、かこちゃん、たっちゃんと呼びあって、人目を気にせずじゃれている。

「たっちゃんを『たっちゃん』て呼ぶのは私のオリジナルよね」

「ウン。でも、ボクをそう呼んだのはキミで二人目なんだ」

そこで、かこちゃん色をなして、「誰なの、それ」と問いただす。

「それはね、小学校の時の同級生の山本君さ」

この、一度不安にさせておいてナーンダと思わせるあたり、たいしたもんだとあきれる。

最近、都会では、二人きりの世界に浸りきっている若い男女をよくみかける。こんなことではキミたち、天下国家は語れないョと言ったら、

「フランスじゃ道を歩いていて、友達とその恋人がいきなりキスし始めたら、五分や十分、そばで待っているんだ。日本だってそうなる。ボクたちは国際化の一翼を担っている」

それでも、こんな恋人たちが札幌の街に自然にとけこむには、少し時間がかかると思っている。

苗字は昔のまま

私が死んだら誰が弔辞を読むのだろうと、ふと考えた。仕事関係でこの所たて続けに葬式があり、弔電係を担当したからである。しかし女友達で、それなりに向こうも私を親友だと思ってくれている、という人が思いあたらない。積年の筆無精がたたって、年賀状づきあいも滞りがちなので、五、六年音信不通の友が多い。それなのに、こちらは一方的に大親友だと思いこんでいるのである。

そんな友の一人に梓《あずさ》がいる。彼女を初めて知ったのは大学一年の体育の授業で、豊かな胸に不釣合いな細く長い足で飛び箱を跳んでいた。当時の私の乳房は手のひらサイズだったから彼女を羨しく思っていたが、本人は大きいことを気にしていて、バストの話をするとイヤな顔をした。

梓の最初のボーイフレンドは一つ年下のクラブの後輩で、彼女は初めての恋だと幸せそうにしていたが、ある日、彼には彼女がいて見捨てることができないと別れを切り出された、と淋しそうに私に話した。他の男に街灯の下で抱きしめられ、目を閉じたら、まるで彼の腕の中にいるようだったと、渇いた声で話した。その後の梓には、いつも男がいた。

私たちの北陸二人旅には、あの頃、女の子の憧れだった応援指導部のリーダーが、梓を追いかけてきて金沢の宿でつかまった。そいつと別れたと本人から聞いたあと、学生運動の闘士の下宿に転がりこんだと噂で知った。

一度だけ梓を怨んだことがある。私の浮気で婚約者とモメた時、私の婚約者は私の目の前で梓を誘いホテル街に消えていった。その後、彼とは別れたが、梓との奇妙な友情は続いている。私は梓に、その件について話をしたことは一度もない。そして梓が妻子ある男と不倫をして別れる間に、私は夫と別れている。

先日、珍しく梓から一通の手紙が来た。――私たちの友達Fが胃ガンの手術をしました。ミミは元気？　私の名字は、あいかわらず昔のままです――。

ニッコリ笑って爪をとぐ

孔子様の教えによると「巧言令色鮮矣仁《こうげんれいしょくすくなしじん》」と言って、口が達者な奴や、見目麗しい人は、仁徳に欠けるのだそうだ。オフィスを見渡してもほとんど紺系の不粋な背広姿で、気がつけばミラ・ショーンだとかアルマーニのネクタイなのだが、ちょっと見はあくまでも「私は社の規律は乱しません」と言っているようで、つくづく抜きん出るより肩を並べることの方が大切な国なのだと思う。

ススキノを歩いていたら、はげちゃびんの横柄なおじさんが、ホステス数人の笑いさざめきに囲まれてエレベーターから降りてきた。彼女たちの色鮮やかなカッチリした仕立ての服を見て、私の隣にいた男友達が「あれは戦闘服だよね」とつぶやいた。そう、彼女たちは微笑の裏で夜な夜な戦っているのかもしれない。

二十年ほど前に一緒に仕事をしていたディレクターと、先日ひさしぶりに飲みに行った。普段の私は、リラックスした服でなければマイクの前で自然な話し方ができないからと、パンツ姿が多いのだが、その時はたまたまスーツを着ていた。

「何だい、その格好。昔は、自分の姿を見せるのが一番美しいから、下着はつけないと番組で言ってたおまえがサァ」と言われて思い出した。「ファンデーションをつけるか、つけないか」というテーマで生放送した時の私のセリフである。大胆なことを言ったものである。あの頃はいつもGパンで会社に通っていたっけ。ブルー・ジーンズは自由の象徴で、一流ホテルは出入禁止の時代だった。

この四月、私は仕事量を少し減らした。少しばかりできた余裕で映画を観よう、本を読もう、プールへ行こう、英会話をやろう、自分の人生に戦いを挑む次なる作戦を練ろう、と。最近、ストーン・ウォッシュのジーンズをはいて出社した私を見て、若いスタッフが「珍しいですね」と話しかけてきた。そういえば最近の私は、やけにスーツが多い。

ボーナス出たらニッコリ笑って爪をとぎ、大金握りしめて戦闘服を買いにいこ。

ダンスに酔って

逢ったばかりの名も知らぬ男とキスするなんて、彼女にとっては初めての体験だった。しかも、その夜彼女は、会社の先輩とともに二人の男性にエスコートされていたのである。確かにディスコの中はうす暗く、誰もがシルエットに見えていた。だから誰もがミステリアスで素敵に見えたけれど、その男はもう一人の男とデュエットで踊っていて、そこだけスポットライトがあたったような華やかさがある。「カッコいいナ」と見ていたら、その男は急に彼女の所に近づいてくるなり手を取って真ん中につれていった。で、気がついたら唇を重ねていたのである。

男は耳元で「ボクの名前はオザキミツル。土曜日の午後二時、Xで待ってるから……」と何度か繰り返す。

彼女はミラーボールのまわる中、夢見心地で聞いていた。ダンスに酔って心が燃えた。こういうのをいわゆるナンパと言うのだろうと思ったし、昼間会って幻滅したらどうしようかと迷った末、結局彼女はXへ行ってみた。男は柱にもたれて待っていた。暗い中で一度しか逢わなかったのに、彼女は彼がすぐにわかった。優しい人である。

……ボクの家はね、道南の小さな村で小学校には給食がなかった。昼前になると先生が試験をする。早くできた順に原っぱを走って家へ帰って昼めしを食べる。ボクはいつも一番だったよ。――彼女にとっては理不尽な恋だった。心の中で理性と情念が分離してコントロールを失っている。そして理性は――ひき返しなさい。あなたと彼はあわない――と言いはっている。高校出が気になる訳ではない、環境が違いすぎるからではない。なのに、一目で堕ちた恋に「直感」が終わりを告げていた。

二人でドライブし、家の近くで彼女は降りた。見上げた夜空で星がにじんで、彼女の服には男の残り香があった。その後、男から会社に何度か電話があったが、彼女は一度も出なかった。十八年も前のことだ。

彼の名前は尾崎満。今さら懐かしいなんて言えないよね、明智クン！

どうでもいい子

二十代の私ときたらかなりいい子で、ただそれだけで持っていたような気がする。番組に出演しても、笑い声だけで勝負していると言われ、それでもただひたすら可愛がられるのが務めと信じていた。けれども、見方によっては傍若無人なること、朝ドラのヒロイン「ひらり」の如し、だったろうと思う。

ある日、喫茶店で紹介されたアナウンサーの先輩にきっちり言われてしまった。

「あなたね、みんなから『いい子、いい子』って言われてるらしいけど、『いい子』って言うのは『どうでもいい子』なのよ」

見事なまでの言われように、私は思わずハハーッと平伏してしまったのである。

その後、何年かはいい子の時も悪い子してた時も、私の「いい子に思われたい病」は治らなかった。皆から好かれたい一念だったのである。がんばれば評価される、そうしたら皆愛してくれると勝手に思い込んでいた私が、がむしゃらに仕事をすれば敵が増えることに気づいたのは、相当後のことだった。

女でも、時にはケツをまくらなければならないのだと気づいたら、件《くだん》の先輩の言いたいことがようやくわかった。彼女は、「女一匹仕事をするからにゃ、他人の目ばかり気にしてちゃ自立できんよ」と諭してくれたのだろう。

この春、社会にデビューする団塊ジュニアが多いらしい。闘争心の塊で爆発するエネルギーを抱えた親の血を継いで、彼らはいつも自然体で、情報収集力があり、文明開化以降の日本人で西洋文化にコンプレックスを持たない初めての世代と言われている。

私は、彼らの出現を心待ちにしていた。だから彼女たちに伝えたい。二十歳から二十五歳までは、職場の人は可愛がってくれるでしょう。うまくいけば、三十歳までは失敗も「ごめんなさ〜い」で済むでしょう。けれど三十歳を過ぎた時、貴女はどんな仕事ができるか問われます。だからこそ、花のように愛されているうちにしっかり力を蓄えなさい。

女は男に、男は女に

「最近の雑誌では、『安心』と『壮快』が要チェックです」

美人のなっちゃんが教えてくれた。「健康なんざ爺むさい」と、二十代には不健康な暮らしを旨として生きてきた私としては、若いコたちの健康への気遣いがやけに新鮮である。彼女が言うには、この手の雑誌は意外に実用的で、なおかつ手軽な美肌をつくる方法などが載っていて「ラッキー！」てなもんだそうだ。

ある日新聞を読んでいたら、「風船ダイエット」という文字が目に飛び込んできた。件の「安心」の広告である。あの手この手のダイエット、常に新しいものがでてくるけれど、風船でやせるなんて聞いたことがない。しかも、隣のお婆ちゃんも太鼓判の雑誌に紹介されているのである。早速買ってみると、結局は呼吸法であった。酸素を上手にとりいれて脂肪を燃焼させるという点では、エアロビクスに似た所がある。「なあんだ」と思いつつ、「なるほど」と納得した。ちなみに、同じ時にでた「壮快」はリンゴ・ダイエット。「安心」VS「壮快」、広告のインパクトで「安心」に軍配である。

アメリカ人と話していると、彼らの健康への並々ならぬ関心に驚くことがある。喫煙の害が指摘されると、一斉に禁煙を始めてジョギングにいそしんでいる。人間にとって必要なものは①家族、②健康、③仕事で、これらのバランスがとれてこそ人生なのだそうだ。

日本人は仕事に重点がありすぎて、彼らに言わせると皆ワーカ・ホリック（仕事中毒）になってしまう。そういえばアメリカでは、四十歳の誕生日を「Over the Hill Party」と言って、若さの坂を登りつめ、後は若さを取り戻す努力を始める。ロング・ヘアーを短く切ったり、逆にド派手なスポーツ・カーを買ったりして、それまでの自分とさよならする。

新しさとは何なのだろうと時々考える。多分、これまで自分にはなかったものを吸収することなのだろう。だから日本人は外国の思想に、若い子は老人の知恵に、女は男に、男は女に、いつも魅かれあっている。

単身ニューヨークへ

単身、ニューヨークへ取材に行ったときのことである。

一日六〇〇ドルでコーディネーターを頼んだヒロコは大阪出身。勤めていた会社を辞め、全財産を持って西海岸から大陸を横断し、結局NYに住みついた。「散々な目にもあった」けど歌手になることを夢みて、一人で頑張っている彼女に連れられハーレムの取材にでた。放送機材を隠すか？と聞いたら、必要ないと言う。

「私がここにいて何が悪いの？って顔で堂々と歩きなさい」と励まされて、「決してツアー以外では行くな」と、どのガイドブックにも書かれているハーレムに女二人で乗り込んだ。私？　はっきり言ってビビってました。けれど、街ゆく黒人は誰一人私たちに関心を持たず、無事取材は終了。しかし、問題はその後である。

ソウルフードの店に入って夕食をとり、十時頃に外へ出た。外は真っ暗、街灯に照らされて人の眼ばかりがギラギラ光っている。ヒロコがすぐ拾えると言っていたタクシーなど、どこにも見あたらない。聞こえるのは、パトカーの音と白タクの運ちゃんの怒鳴り声だ。そのうち、彼女が地下鉄で帰ろうかと言い出した。

「こんな時間に乗っちゃいけないって言われている地下鉄に私を乗せるワケ？」と不満を顔に出しながらつぶやくと、「そうよねぇ、あなた乗り換えできないわよねぇ……。だけど、ここにこうしているのも決してsafeじゃないのよねぇ」と言うなり、彼女は白タクに近づき交渉を始めた。結局ボラレもせず、レイプもなく、私は無事ホテルに着いた。

友達の女ディレクターぐっちが、「NYのクリスマスはきれいなんですって！」と言ったのがきっかけで、彼女と十二月二十四日にNYから生放送する企画をたてている。ヒロコは今もしたたかに生きているのだろう。歌手になる夢に近づいただろうか？

今年のクリスマスにはFMを聴いてみてね。アメリカからの声が聴こえたら、今年の私は男っ気なしで女友達と遊ぶ、ニューヨークでのクリスマス。

春は願いをかける季節

「あたしとつきあった男の人って、みんな運が悪くなるのよねぇ」

ためいきまじりにつぶやいてみた。

「就職失敗したまま、未だにプー太郎とか、事業に蹴躓《けつまず》いて姿くらましたとか……。もっと嫌なのは、そのたびにあたしの方にツキがまわってくるの。それに気づいた時から、人を本気で好きになるのはやめちゃった」

ちょっとワルぶってみた私を友達の由実が、

「世の中、享受することをよしとする人と、与えることに喜びを見いだす人とがいるのよ、きっと。あーたと別れた人だって、本人はそれなりに幸せと思っているわよ」

と慰めてくれた。

この前も番組のスタッフと飲んでいるとき、ディレクターが私を指さして「この人はねとおかしくてたまらないといった様子で、「放っておかれるのに慣れてない人」と笑った。私は猛然と反撥したけれど、そうかもしれない。今まで気づかなかったが、どうも私は与えるのが得手ではない。

先日、唐沢寿明に似た美形クンに「どんなタイプが好き?」と尋ねたら、「研ナオコのような人」と答えた。周りの女のコは一斉に「ウソーッ！」と喚声をあげたが、私は妙に納得した。美形クンは、自分を退屈させない女性がどんな人か、よく知っているのだ。

私は昔から圧倒的に美しい男が好きなのだが、向こうは私を選んでくれない。一度だけ清水エスパルスの永島みたいな男とつきあったことがあって、うまくいけばうまくいっちゃうぞみたいになったがやめた。話していてもつまんないんだもん。これまで私が愛した男たちはみんな私をほめてくれた。とるにたらない才能も、分厚い唇も。彼らは決して眉目秀麗でなくても、女性を磨き上げる術を知っている。

「努力すれば美しくなれる人が、そうしないのは罪だと思うよ」

男の一人がくれた言葉だ。

聞けばダイエットの本が売れるのは、四月からなのだそうだ。春は、女たちが自分自身の運命も受け入れながら、昨日より少しでも美しくなりたいと願いをかける季節なのである。

流れ星数えて夜が更ける

私のキャンプは宿り木のようで、いつも誰かにくっついて行く。うちの家族だけではできることもたかが知れていて、日もとっぷりと暮れた頃、できた夕食は飯盒《はんごう》のご飯だけ。とんぶりに葱をまぜて食べようと言ったら、当時中学生だった子供たちが「ママ、どうしてキャンプに来てまで〝どんぶりご飯〟なの？」とつぶやいた。

友人にもアウトドア派が多い。いまや十艘のカヌーとキャンピングカーを持ち、その趣味を生かしてアウトドア愛好者向けに週一回のTV番組を作っているS氏は、十年前には私と同じ初心者で、砂浜に自宅から運んだ卓袱台《ちゃぶだい》を据えて、作ったものは魚介類のごった煮カレーだった。

結婚式やパーティーで品よくフルートを吹いているO氏は、海岸で売っているズワイ蟹を物色していて友達になった。彼はデッキチェアに座り、さんざんおどけたあと、焚火を見つめ「炎っていいですね」とマジな声で言う。

自他ともに認めるグルメ派のK氏とは、岩内の魚屋で買った真ゾイやホッキの調理法でモメた。私は「パエリアを作ろう」と言ったのに、向こうは「ブイヤベースがいい」と譲らない。険悪な雰囲気に周りがハラハラする中、それぞれが競い合って作り、結局どっちもサフランの匂いがクサイとブーイングの嵐だった。優しいトモコさんが「まっ、日本の海には味噌汁の方が似合うってことで……」と笑っていたっけ。

みんな、島牧村での思い出である。夜空を見上げると満天の星がある。バーボン飲んで、流れ星を数えて夜が更ける。六月になったらあの海に行こう。ちょっときつくなったウエットスーツを着てシュノーケリングしてこよう。太陽にキラキラ光るウマヅラハギは、今もゆうゆうと泳いでいるだろうか。砂にまみれて仙人の暮らしをしたあと下界に降りると、いつも元気で精力的に仕事をこなす、私の大好きな「もう一人の私」がそこにいる。

闇に潜むエネルギー

十代の頃は、なんであんなに激しくロックに惹かれたのだろう。尾骨でドラムの音を聴き、うなじでメロディを感じていた。

Led Zeppelinの当日券を日本武道館で発作的に買って、豆粒のようなジミー・ペイジを最上階から見た。札幌で就職した時、シカゴがやって来て上司に頼み込んで場内アナウンスをさせてもらった。サンタナには、話しかけて握手までさせてもらった。身体が疼く年頃には、官能的な音色が優しかった。あの頃の彼等は、今や伝説である。

ハード・ロックがプログレッシブに変わった頃、私の生活はいきなり演歌に変わった。子供を生んだのである。お米を研ぎながら聴く金属的な音は、「もうお前には関係ない」と囁き続けているようで、自分から背を向けた。

その子供たちも、私が親に黙ってFreeのオールナイト・ライブに行った頃と、同じ年頃になった。最近、ベッド・メイクをすると男子の部屋はむせ返るような男の汗が臭く、娘たちの掛け布団はふわっと花の匂いがする。世の中のおっさんたちが、「若いコはええなあ。いい匂いがして……」と言う気持ちがようやく分かった気がした。

その娘の一人がロックに狂った。札幌のインディーズ系バンドのライブに行きたいと言うから、私もチケットを買って離れて見ていたら、彼女はかぶりつきで熱狂しておった。髪をおったて、茶髪系のロックバンドのヴォーカルに「お前ら、キレろよぉ！」と怒鳴られて娘はのりまくっていたが、私の耳は轟音にノックアウトされていた。それでもいまの私は、娘のフィルターを通して、荒れ狂う音の波に身を浸すのがとても楽しい。脳みそは騒音と思っても、心の闇に潜むエネルギーを感じているのだろう。

ロックたちよ、もっと戸惑い、やり場のない想いを伝え、反抗するがいい。私たち大人が眉をひそめるほど嫌うもののなかに、お前の魂があるのを私は知っている。

アメリカの上流社会

ＬＡのビバリー・ウィルシャー・ホテルは、映画「プリティ・ウーマン」の舞台になった所で、先日、天皇・皇后両陛下が渡米の折に宿泊なさったことでも脚光を浴びた。良いホテルというのは、王侯貴族でも、私のような黒いスパッツ姿の女でも、平等に迎えてくれて、実に心地よい。しかしさすがＬＡで、夜ともなると制服姿のガードマンがエレベーター前に陣取って、「キーをお見せください」と全員に声をかけ娼婦をチェックしているのを見ると、どぎつい化粧のジュリア・ロバーツがどこからか出てくるような気がした。

夕暮れ近くなると、どこからともなく貴婦人たちが集まってきて、一階のBALL ROOM（舞踏室）でパーティーがはじまる。皆一様に黒のドレスに身を包み、ゴールドのアクセサリーを煌めかせ、婉然《えんぜん》と微笑んでいる。

いまＬＡは、イタめしブームだそうで、このホテルのコンシェルジュのすすめで「Prego」というレストランに行ってみた。ここのカルツォーネが実においしくて、結局二日続けて通ってしまった。ピザの皮でリコッタ・チーズを包み半月形に焼き上げたもので、札幌に帰ってきて作っている店を探したが、いまのところ巡りあえない。

ロデオ・ドライブのすぐそばにある髪飾りを売っている店にふらっと入ったら、店長らしき男が「あなたの髪を触らせてくれ。ぴったりの髪飾りを教えてあげる」と、そっと近づいてきた。彼の手が私の髪を持ち上げたと思ったら、三秒でその髪飾りを使った夜会巻きができあがった。「まるで魔術師のようだ」とびっくりしていたら、彼はこの店のヒット商品だと誇らしげだった。薔薇の花のようにベルベットをあしらった櫛は、いま私の手元にある。

このところの私はニュースを読み、伝票に判を押し、スタッフと打合せをし、ファクスに目を通し、忙しい日々を過ごしながら、あの日垣間見たアメリカの上流社会とロサンゼルスという街に、心のどこかでいつも憧れている。

自分に合ったやり方

二十代の頃に聞かされた話は、いまでも鮮明に記憶に残っている。私の友達が、会社を辞めようと悩んでいたことがある。可愛がってくれた社長が退陣し、新たに就任する人は常日頃、彼女を疎ましく思っているのが感じられるというのである。その相談を受けて同席していたある会社の専務が、こんな話をした。

例えば、ハバナあたりに行ったら映画館があって、中に入ったら満員。ようやく席を見つけて座ったら、隣の男に荷物を持っていてくれと頼まれた。トイレにでも行くのかなと思っていたら、いきなり荷物が爆発した。もちろん持っていた人は即死である。

館内はもうもうたる煙で、狭い出口に人が殺到してパニック状態。人々は折り重なって倒れ、次々に死傷者がでる。やがて煙が晴れた時、それまでじっとしていた人は呻き声の中、ゆっくりと出ていく。つまり助かるのは、運良く扉の近くにいて事態を把握する前にすぐ飛び出した人、そして事が済んでから落ち着いて出ていった人、この二種類だ。そこで、と彼は彼女に向かってこう言った。

「あなたはどちらのタイプですか？　すぐに行動を起こしますか？　それとも、事の成り行きを見守ってから出ていきますか？」

人生には誰にでも通用するマニュアルなんてない。自分に合ったやり方を自分で選ぶことだ、と彼は言いたかったのだろう。彼女は結局会社に残り、いまでも元気に仕事をしている。最近は電話もしてこないところをみると、それなりに結構がんばっているのだろう。

新入社員が闊歩する春がくる。会社に入ったら、美形の先輩もいいけれど、まず中身の濃いおっさんを見つけよう。そしてそのおっさんが、あなたの若さや美しさだけでなく、仕事の能力を買ってくれているかどうか見定めよう。彼らは人生の達人で、あなたが仕事で悩んだ時、いろんな話を聞かせてくれる。キューバ・リブレなんかのカクテルを奢らせちゃって、仕事のノウハウを伝授してもらうなんて、女のコだけの特権だから。

第Ⅱ章　時代と生きる

きのこ雲で平和は来ない

原稿なしで満足のいく放送をするのは、一般ピープルが考えるより難しい事で、うまくできた時はとてもうれしい。先日「週刊ＡＩＲ-Ｇ'族」（ＦＭ北海道）の、女性の観点から世相を切るコーナー「ウィークリー・ニュース・ギャザリング」で、本島等長崎市長の原爆に関するこんな発言を紹介した。

「われわれは広島・長崎の悲劇を核時代の幕開けととらえたのに対し、米国は戦争の終わりととらえた」

私が「きのこ雲の切手」の時から感じていたのも、実はこの日米の考え方の違いである。アーノルド・シュワルツェネッガーが主演する「トゥルーライズ」というおもしろい映画があった。普段はさえないおやじのシュワちゃんが、実はアメリカの特務機関に所属する有能な秘密諜報《ちょうほう》部員で、００７なみの活躍をする。

最後はフロリダ沖の海上にテロリストたちの核弾頭を沈め、その閃光《せんこう》をバックにシュワちゃんはキスをする。戦いの終結である。その象徴的な存在として原爆が出てくる。

同じくシュワちゃんの映画で「プレデター」というのがある。ジャングルの中で、樹木に溶け込んで見えなくなる異生物と戦うアクションものだ。これも最後は、シュワちゃんにやっつけられた敵が自爆して、きのこ雲が上がる。シュワちゃんは爆風に飛ばされながら雄々しく立ち上がる。そして平和が訪れる。

けれど原爆の恐怖を知る私たちの感覚ではヘンなのである。これが日米の違いだとしたら、私たちが今こそ声を大にしないと大変な事になる。これを一分ほどで話したら、リスナーからファクスが来た。

「週刊ＡＩＲ-Ｇ'族は、ふざけたことばっかり言う番組かと思ったら、結構ジャーナリズムじゃん」

「オチャラケにも、しっかりとした背骨」――。これが私たちのポリシーなのだ。それを受け止めてくれる聴取者がいることがうれしい。だから一人でほくそ笑んでいる。うふっ。

架空の世界のアイドル

毎回、このコラムを読んでくださる聴取者がいて「今度はケン・シブヤについて書いて下さい」という。ケンは青山学院大学出身、同じころキャンパスには、サザン・オールスターズの桑田佳祐がいてすれ違ったことがあるそうだが、向こうはケンを知らない。

初めてケンの声を聴いたのは今から二年前である。友人から持ち込まれた一本のテープから流れてきたちょっとエッチくさい日本語の声は、瞬時にしてパワフルな英語やフランス語に切り替わる。正直言って驚いた。三ヶ国語のＤＪはめったにいない。友人は「北海道にはいないタイプでしょ？」と言って、鼻をぴくぴくさせた。

私は即「週刊ＡＩＲ-Ｇ'族」のレギュラーＤＪとするため、彼と会った。はっきり言って、会わなきゃ良かったと思った。それほど彼の声は魅力的で、背の高い美形を想像させたのだ。あれから時は流れ、彼は今ではコギャル好きのケン・おやぢ・シブヤとして、たくさんの女性ファンを獲得している。

先日、番組の中で彼があるうわさ話をした。

「アリスってね、客席がうるさいと『静かにしてくれる？』って言っちゃうグループだったんだよ」

谷村新司さん率いる伝説のグループが、ほんとにこんなことを言ったのか、私は知らない。多分、都市伝説みたいなもんだろう。けれど、これを聞いたリスナーから一枚のファクスが届いた。

「アリスはね、手拍子しても怒ることがあったよ。by北区のコギャル」

その横にはグリーン・スタンプのコピーがあり、「ケンさんにあげます」と書かれていた。これを紹介しながら、私は大笑いしてしまった。ファッションに敏感な女子高校生軍団の

「コギャル」は、クーポン券など集めない。コギャルは、もう解散して久しいアリスのライブなど見ているはずがない。

「おぬしニセ・コギャルだな」と私が喝破《かっぱ》したら、またファクスが来た。

「ばれたか。私はコギャルではありません。ケンさんにこれもあげます」

今度はブルーチップ・スタンプのコピーがついていた。

彼のファンは増えている。正体を明かさない彼にリスナーから質問がくるので、「彼は普段はデイリー・プラネット社に勤めていてクラーク・ケントと名乗っています。でも、今日だけはスーパーマンです」などと答えている。私たちラジオの人間は、電波の中だけで生きている。架空の世界で本音を吐く。聴いている人は、彼のセクシーな声にひととき現世を忘れる。だからお願いケン、私にも顔は見せないで。

悔しいっ、体脂肪率が三〇パーセントもあるなんて

五月に人間ドックへ行った。ここ数年、「太りすぎです。体重を減らしなさい」と言われてきたが、今回は「週刊ＡＩＲ-Ｇ'族」でも紹介している「世にも美しいダイエット」で去年より十キロやせたので、先生に褒められるかと思いきや、結局ナンジャカンジャと説教された。挙げ句の果てには「もう体重を減らすための食事療法は必要ありません」と

忠告された。人間ドックというのは、説教されにいくトコなんだと納得した。

そんなこんなで、今回から検査項目に入った「体脂肪率」について尋ねるのを忘れてしまった。体重計のような器具に素足で乗ると、瞬時に数字が表示される。私は三〇パーセントだった。

この数にどんな意味があるのか、私は知らなかった。十人近くいるスタッフのだれも、体脂肪率を計ったことがなかった。「それって普通かもしれませんよ」という彼らの声を真に受け、ある日の番組の中で気軽に話題として取り上げると、その日のファクスは一日中この体脂肪率の話題で盛り上がった。

そのほとんどが、「そんな数字は聞いたことがない」「うちの会社の中年太りのオバサンでも二〇パーセント台だった」という内容だった。

その後調べたが、某雑誌に掲載されていたビール腹のおっちゃんも二七パーセントだった。く、悔しいっ。しかも力士は、脂肪と見えてあれは筋肉なので体脂肪率は低く、彼らは過体重というのだそうだ。本当か、小錦？

人間の身体《からだ》の六〇パーセントは水分だという。そして三〇パーセントが脂肪だとすると、私の実体は一〇パーセントである。われ思うゆえにわれある私は、わずか一〇パーセントなのかと、妙に哲学的になった出来事であった。

あんなに嫌いだったゴルフが……

「ゴルフなんておじさんの遊びだから絶対にやらない」と心に決めていた。集まれば「で、ハンデはいくつ？」とか「この前は絶不調でね……」なんて変な会話ばかりしているおっさんを、困ったものだと思っていた。

「週刊ＡＩＲ-Ｇ'族」にも、平日に接待ゴルフをする上司に対して、非難するファクスが山のように来る。そのほとんどが「くそー、人が仕事をしている時にゴルフだと？」といういらだちである。

ゴルフをやるまいと心に誓ったもう一つの理由は、あのファッションの「ダサイ」ところだ。ポロシャツにチェックのズボン、ベルトからはみ出さんばかりのビール腹。女性のゴルファーをテレビで見ても、みんなやけに腰のまわりがぼってりと見える。「中田君はゴルフをやらんのかね？」と聞かれても、絶対にやらんと決めていた。

ところが今年の春、リスナーとパーソナリティが、一緒にゴルフ・コンペをする企画が通った。それに、私も出なければならない羽目に陥ったのである。

私の友人は、アウトドア派や自然環境保護に敏感な人が圧倒的に多い。「ゴルフを中田さんが始めたら、友達づき合いをやめる」という男友達の言葉も振り切って、浮世の義理と言いながら練習場に通って六ヶ月。気が付いたらゴルフにのめり込んでいた。で、情けないことに、どんな中年太りのおじさんでも私よりはるかに上手なのだ。おじさんたちがエラク見えてきた。

今の私は、ゴルフ嫌いもゴルフ狂もどちらの気分もよく分かる。けれど多分、加速度的に嫌いな人の気持ちが分からなくなるだろう。なぜなら、あんなにカッコ悪いと思っていたゴルフウェアも、やけに美しく見えてきたのだ。困ったもんだ。あ、こうもり傘を駅で振り回す「おっさん臭い」ことだけは、やってませんよ。

面白い試合前の心理作戦

これまで、私の男友達でスポーツに詳しいヤツはいなかった。だから、テレビで中継を観るよりむしろ時代劇だったり、歌番組だったり、ニュースだったりした。

だいたい、ボクシングを見てノックアウトされたのは分かるけど、カウンターパンチなんか見えない。相撲で負けたのがどっちかは分かるけど、技なんか知らない。ラジオでプロ野球中継を聴いても、早くて何を言ってるのか聴き取れないから疲れてしまう。

世の中に少しはいるであろう、そんなスポーツ観戦オンチのために「見るスポーツ」の楽しさを教えてもらおうと、「ボズのスポーツ教室」を放送している。ボズは毎週金曜日一時からのこのコーナーで、スポーツの分からない人にはそれなりに興味が持て、スポーツ狂もそれなりに楽しめる話を提供している。

番組の聴取者もツボを心得、おもしろい情報をファクスで送ってくれる。先日、オリックスの仰木監督について「あきら、もぉー大好き」というファクスが来た。控室にホステスをはべらせ、きゃあきゃあ騒ぐ彼女たちの横で「おれが監督になるのは試合十分前だ」と言ったという。ボズが解説するに、仰木さんにはそんな伝説がいっぱいあるのだそうだ。

今年の日本シリーズはそんな仰木さんに、「たぬきおやじ」みたいなヤクルト・野村監督が対峙《たいじ》する。試合前の心理作戦はおもしろいとボズから聞いてテレビを観たら、野村さんが「報道陣を（オリックスが）シャットアウトするなんて。そんなのは大監督のするこっちゃ」と憤然としている。そのＶＴＲを見て仰木さんが「大監督と言ってくださるのはありがたいが、野村さんも入れて二人にしてください」みたいにやんわりと返す。

おもしろいっ。初めて野球の人間臭いやり取りが分かった。ファクスを送ってくれたリスナーとボズに感謝して、今年は生まれて初めて日本シリーズを観たのだ！

徐々に戻ってきた明るさ――その後の神戸

神戸へ取材に行き二泊した。目的は阪神大震災、その後である。あれから十一ヶ月たった今でも、まだ街のそこここに残酷なつめ跡が残っている。

札幌出身で神戸に暮らして九年の清水さんは、ポートアイランドにあるマンションの九階で地震を体験した。液状化現象が報道された埋め立て地である。なぜか一晩中眠れなかった彼女は地震の二分前に目を覚まし、家中の電気をつけ、本でも読もうと布団に入ろうとした時、体が宙に浮いた。初めは下の階で爆発が起きたと思ったそうだ。

揺れが収まるころ、恐ろしい音の正体が地球の裂ける音なのだと気づいた。外に出ると、夜のやみの中で悲鳴を上げながら、布団やレジャーシートなどをかぶって逃げ惑う人が見えた。それでも、その叫び声は人が生きている証《あかし》なのだ、と感じていたという。

神戸に生まれ育った高橋さんは「今だからの笑い話……」と言って、「震災の夜、女の子はみんな化粧しないで出勤してたん。水がないからふろも入ってへんし、それが当たり前やん。男の社員がひそひそ声で『あの娘の素顔、見たか』言うて話してん」、そんな話が少しずつできるようになってきているという。

「みんな変に深刻にならんと神戸に来て」と彼女は明るい声で言う。

AIR-Gは二十二日、「神戸の子供たちへ」というチャリティーを札幌のファッションビルの会場と結んで放送する。神戸に住む何人かの人が「みんなが震災のことを忘れかけている時に、北海道の人が覚えていて行動してくれることがうれしい」と励ましてくれた。

現在、約六百人といわれる震災遺児の育英資金に必要なのは、七億円といわれている。

義援金を送って送り過ぎることはないのである。三宮で会った女性の一人が言っていた。

「私たちは本当に人の温かさを知った。してくれなかったことより、してくれたことばかり心の中に残っている」

突然の歌に涙あふれて

「アナウンサーっていいわよね、有名人に会えて」と言われることがある。そう良いことばかりではない。それまでは好きだった人に意地の悪い対応をされ、今はもう顔も見るのもいや、と思っている人も数えてみると四人いる。

また、ファン心理を持ち込んで行ったインタビューは、あとで聞くと失敗に終わっていることも多い。一緒に仕事などせず、ただのファンでいた方が幸せだったかなと思う。

今月十五日、忌野清志郎に会った。彼はアコースティックギターを持ってＡＩＲ－Ｇ'の第三スタジオに現れた。生放送番組のゲストである。

「雪は降る、あなたは来ない～かぁ」とギターをかき鳴らし、迫力ある声で歌った後、あまり話をしてくれない。顔を見ると目が合ってしばらくして目を伏せる。

純粋でシャイな人なんだなと勝手に思った。すると相棒のケン・シブヤがいきなり「ギターを持って来ているということは、何か歌ってくださるということですよね」と言い出した。私は内心ハラハラした。無理強いすると怒るぞ……と思っていると、清志郎が「そうですか、じゃあ」と言うなり、ギターを奏で始めた。

「デイ・ドリーム・ビリーバー」である。昔から私の身体《からだ》は音楽に反応する。感動すると、心が認識する前に背筋がざわっとする。この時は涙が出てきた。

最近のライブはお金をかけているが、感動はしない。ここ数年、自分が「不感症」かなと、疑っていた。歌を聴いて涙があふれるというのは久しぶりの感覚だった。長い間、彼のファンでいて良かったなと思った。

そんな気持ちに浸る間もなくクリスマスが来て、時は一九九六年に向け、正確なリズムを刻んでいる。

さあ、今日から頑張るゾ

気がついたら新年が来て、もう半月以上たってしまった。最近の私は料理ざんまいで、へんてこりんな物にばかり凝っていた。まず豆苗《とうみょう》である。エンドウの若い茎で、単純に油炒めで食べるのがしゃきしゃきしてとてもおいしい。

次にバジルの実もなかなか面白い。バジリコといって、よく葉を刻みパスタ料理に使うが、ごまのような小さな実が手に入った。和名を「めぼうき」といって、昔は目のごみを取る時に使ったのだそうだ。

まわりの水分を吸い込んで透明なゼラチン状になる。タピオカのようにぷるんとした食感で、缶詰のココナツミルクに種のまま入れたら、水分を吸収して程良い固さになった。これにお節料理で今年も残った黒豆をつぶし、餡《あん》にして乗せたら、ちょっとしたエスニックデザートになって感激した。

料理を作って幸せな気分に浸っているうちに大雪が降り、雪かきしてぼーっとしているうちに内閣総理大臣が代わってしまった。

こんな風にのんびり時を過ごしたのには理由がある。ＡＩＲ-Ｇ'が開局した頃、「空蟬《うつせみ》」という名の男性がよく手紙を下さった。その中に「ふやける時にはちゃんとふやけるんだよ」という文章があった。人間、仕事ばかりに没頭するもんじゃない。時には自分をいたわるもんだと教えてくれたのだろう。

印象的な方だったので、その番組が終了する時、「中田が会いたいと言っている」とディレクターが電話してくれたが、「自分ではない」と否定された。

ラジオの仕事を長くやっていると、「中田さんの言葉が私を支えてくれました」と初対面の人に言われることがある。涙が出るほどうれしい。でも逆に聴取者のひと言が、パーソナリティに強烈な人生観を植え付けることもある。だから皆様、今年もよろしく。そしてふやけるだけふやけたおかげで、私は今日から仕事の夜叉《やしゃ》になる。

冒頭が重要な傑作「幻の光」

シアターキノの中島洋氏と奥様のひろみさんからファクスが届いた。試写会をぜひ見てほしいという内容で、映画のタイトルは「幻の光」という。たくさんの資料も届いたので目を通しているうち「洋さんがそれほど言うなら観に行こう」と思っていながら、当日、来客があり、三十分ほど遅れて冒頭部分を見そびれてしまった。

映画評のほとんどが映像を褒めていたし、別な日に行われる試写会はもうスケジュールが埋まっていて到底行ける状態ではなかったから、受付嬢が止めるのを、「映像だけでも観たいので」と言って中に入った。

見終わってがっかりした。完全なる「映像のコラージュ」で、監督が何を訴えたいのかという前に、気味の悪いほど完ぺきな構図がスクリーンに映っていた。うそとおべんちゃらは不得意なのでその通り洋さんに話すと、「もう一度観てほしい、あの映画は冒頭に重要な部分があって、そこを見逃すと何も分からない」と粘る。

結局、友達をなくしたくないのと、いい加減な見方をしたら映画に対して無礼だという思いで、万難を排してもう一度観た。

素晴らしかった。映像の羅列がすべてある意志の下に貫かれていた。この若き監督は、最後に撮るべき一作を最初に撮ってしまったとだれかの評にあったが、私は今年のベストワンを一月に観てしまったと思った。

監督の是枝裕和氏は、テレビのドキュメンタリーを長く手掛けた人で、今年三十四歳になる。「映画はできあがったところで仕事は半分、あとの半分は観た人がこの映画について語ってくれることで育っていく」と舞台あいさつで話していた。

二十九日には、主演の江角マキコさんが前夜祭にやって来る。もし「中田がそれほど褒めるなら見てみようかな」とお思いの方がいらっしゃいましたら、どうぞ頭からしっかりご覧ください。

肩書が「社長令嬢」とは……

昔、和紙の名刺を渡していたことがある。印刷したものではなく、その場で自分の名を書いた。私は達筆ではないどころか、へたの部類だけれど、手漉《す》きの和紙のうえでは楚々《そそ》とした文字に見えた。世の中には珍しい名刺も時々あるなと思いついて、先日「中田美知子の週刊ＡＩＲ-Ｇ'族」で「名刺ジャンケン」を呼び掛けてみた。

これは強いぞと思われる名刺をコピーにとりファクスしてもらうというもので、題して「仁義なき戦いシリーズ第一弾」である。どちらが勝ちかという判定は私が下す、「私がルールブック」方式だ。
届いたファクスは思いのほか愉しいものだった。例えば、

××幼稚園　年長組

鈴木　勇起

「息子の名刺を作った親バカ」だそうです。

××株式会社　係長心得

南野　誰兵衛

部長心得とか支店長心得ってのはもらったことがあるが、係長心得ってのもあるんだと感心させられた。
ちなみに、支店長心待《こころまち》なんてのがあってもいいと思う。ついでに、私の友人の取締役は、誤植で取締役《とりちぢみやく》になっていたことがある。貴重な名刺だからと、みんなに配ったそうだ。

代表取締役無職

久米　花子

代表取締役主婦

賀来　優子

なんてファクスも来た。住所は沖縄と大阪である。ユーモア感覚に乾杯。
この日の優勝は、札幌市内のお嬢様の名刺を送ってくれた方となった。紫の、光沢のあ

る材質なのだそうで、

××青果店　社長令嬢

××　さやか

見事である。名刺の文字から「ほーっほっほ」という高笑いが響いてきそうだ。

「仁義なき戦いシリーズ第二弾」は、名刺ポーカーを予定している。広告代理店××のいい男（独身）を五人集めて「おぼっちゃまくんフラッシュ」とか、ヒラから社長まで集めて「放送局ストレート」とか、二種類の自動車会社を二枚、三枚それぞれ集めてフルハウスなど、強い手をキープして待っていてほしい。

独創的な「手」次々と——名刺ポーカー

先に開催した名刺ジャンケンに続いて、本欄で予告した通り名刺ポーカーを「週刊ＡＩＲ-Ｇ'族」で実施したところ、スタッフの期待をはるかに超えた独創的なファクスが数百通も届いた。

ルールは名刺を五枚集め、勝手に「手」を考えれば出来上がり。

以下に紹介するのは、全部名前を変えている。偶然、同名や似た名前の方がいらしたらご容赦いただきたい。

ＯＬめぐっぺさんが送ってくれたのは、北大の農学博士、医学博士、薬学博士、理学博士、工学博士の五人衆で、題して「北大、博士フラーッシュ！」のっこさんはひらめきで勝負の「県名フラッシュ」。秋田さん、山口さん、佐賀さん、宮城さん、香川さんてな具合でお見事。「人の体シリーズ」の名刺はエリさんの作品で、川口さん、目黒さん、田尻さん、脇坂さん、毛利さんで口目尻脇毛。毛も体の一部です。出張中という社長の名刺を拝借して送ってくれたのは、ラジオネーム・クニが好きっさん。「チカル」や「みの」などススキノのクラブのお姉さまの艶っぽい名刺を五枚並べて、手は社長の放課後のクラブ活動——。さあ、どうだ。

最後に、手はブタなのに哀れをさそって、つい記念品を贈呈してしまった作品、「去年一年間、知り合っては私の前から消えていった男たちbyさびしい女さん」

①香取慎司くん（かわいいぼくちゃんでした。笑顔がたまらなくグッドでもったいなーい。さようなら）

②柳沢健吾くん（向こうから「すげータイプです」なんて近づいてきたのに、一回きりでＴＥＬくれなくなって寂しいー）

③羽賀欣治くん（たいしたことない男でした）

④君鳥明くん（忙しい人でかまってくれなくて、おまけに結婚してたんです）

⑤松村邦吉くん（くそデブでしたが、いい奴でした）

だんなさまの協力でスゴイ手を作った奥様もいた。謝謝。

深夜の脅迫電話

「夜分遅く恐れ入りますが……、死んでください」

淡々とした若い男の声で、私の家に電話が来た。声に覚えがないし、恨まれるほどの恋には、とんとごぶさたである。大学生あたりの一風変わった罰ゲームかな、と思っているうちに忘れてしまった。

一ヶ月くらいたったころ、真夜中にチャイムが鳴った。びくっとしてインターフォンの受話器を取ると、「中田さんのお宅ですか?」と尋ねる男の声。「はい」と答えると、向こうはちょっとうれしそうな声で「あ、あの中田美知子さん、いらっしゃいますか?」。

声を聞いても、だれなのか分からない。昔の男友達かなと考えながら「私ですが……」と答えたら、私の耳に「死ねぇー」という金切り声が突き刺さってラインが切れた。あの若い男だと、後で気がついた。

この「死ね・コール」があった後の番組「週刊AIR-G'族」に、一枚の心ないファクスが届いた。白い紙には殴り書きで、「中田のババアやめろ。金曜の枠に追いやられてもなお、しがみつくのか、結婚式の司会でもしてろ。男性ホルモンの混ざった野太い声は聞きたくない」とあった。発信者が誰かはわからない。

するとケン・おやぢ・シブヤが、ファクスを見ながら物静かな声で言った。

「これ、ギョーカイ人ですよ。だって結婚式の司会をこんなふうに見下すなんて、そんな感覚は一般人にはありません。それに女です。声に敏感な人。中田さんのロウボイスをこう表現する人は、同業種の高い声の人でしょう」

心って身体《からだ》のどこにあるんだろう。そこから、底知れぬ憎悪も浮かび上がってくるし、愛もわき上がる。電話の主もファクスの主も、心に棘《とげ》が突き刺さって抜けないのだろう。

ケンの推理が正しいのかどうか、私にはわからない。けれどあの日の彼は、私の傷付いた心を柔らかく包んでくれる、優しいシャーロック・ホームズだった。

仕事に思い込みは禁物

「週刊ＡＩＲ-Ｇ'族」でフレッシャーズを特集した。いただいたファクスを羅列してみよう。

まず、ラジオネーム・十四年前のフレッシャーさん。

「大人の女に見せたくて、高いヒールの靴を履き、化粧に一時間かけ、アイラインしっかり、マスカラびっしり。口紅は白っぽいピンク、マニキュアは同色」で出陣した彼女。支店長にこっぴどく注意されたそうだ。彼女の職場は銀行の窓口。

後で振り返ると、そら恐ろしいことも平気でするのが新人時代なのだ。

「一度もはじいたことのないそろばんで、何百枚もの伝票を計算させられた時のこと。私十八歳。パチ……パチ……、そろばんと悪戦苦闘している私の横で先輩三十歳が『フウ』とため息ひとつ。そしてひと言。『日が暮れるわよ』。入社一年目の出来事でした」というのは雨女さん。

先輩のキャスティング（配役）をしてみよう。クールに決めてほしいなら浅野温子、優しく言ってほしいなら三田佳子、ちょっと意地悪く言ってほしいなら加賀まりこ、かな。

「私が入社した一日目に、何したら良いのかわからず、『何をすればいいでしょうか？』と女の社長に聞いたところ、社長はナント『金魚にエサあげて……』ですよ。ぶっ倒れそうになりました」というのは厚別区のＯＬ。いざ行かんと意気込んだ彼女に、金魚ですかあ。この女社長の配役は絶対、秋野暢子だな。以上、敬称略。

それにしても、このフレッシュという形容詞にｅｒをつけるのは、日本人の造語かと思って英和辞典を引いたら、「フレッシャー＝新入生、新顔。フレッシュマンと同義（英俗）」とあった。アメリカ人の男友達が、「聞いたことがない。本当に英語？」と言ったのも無理はない。

そう、「物事に思い込みは禁物。知らないことはすぐ調べる。これも大切なこと」と、フレッシャーズ諸君は覚えておこうね。

一つの言葉で百家争鳴

番組で紹介したことはないが、「中田美知子の週刊AIR-G'族」でスポーツ解説をしているボズは、企画構成を担当しているディレクターである。みんなで彼のために愛称を考えていた時、たまたまボズ・スキャッグスの曲が流れていたため、この名がついた。

ある時は堕落したスポーツ界を嘆き、ある時は限りない愛情を込め、人間臭くスポーツについて語る。その内容はスポーツに端を発し、時に人生論に及ぶ。

彼の独断的な発言を巡って、先日このコーナーでちょっとした騒動があった。「体重五〇キロ以上は女じゃない」と突然、彼が言い放ったのである。

私の番組のリスナーは女性が多い。当然、抗議のファクスは引きも切らず。おもしろいので次々紹介したら、「ばっきゃろう」という激怒から、「ふくよかな女の魅力、見せてあげたい」という挑発まで、さまざまな内容の声が集まった。

本人は傲《ごう》然としているので、番組の最後に私が代わりに謝った。

「彼、本当はいい人なんです」

そんな騒ぎから一ヶ月後、一枚のファクスが届いた。「食べたい物を我慢する時、ボズさんの言葉を思い出して頑張ってます」という女性のコメントである。

おしゃべりなボズが、図に乗ってまた物議をかもす発言を繰り返した。

「そうです。私は女性のみなさんに美しくなってもらいたいがために言うんです。体重五〇キロ以上は女じゃない。服の号数二桁は女じゃない」

この基準でいくと、北海道に住む女性の少なくとも半分は女じゃなくなる。ちなみに最近のボズは、体重という言葉をきいただけでつらそうな顔をする。友達の女性たちにこっぴどくしかられたのだろう。自分のビール腹をへこますべくダイエットしている。そのくせ、「ねえ、中田さんも風に吹かれて飛ばされそうな体にあこがれたことない？」などと言う。

あいつ、まだ懲りてないな。

ノーベル賞受賞者の「五ヶ条」に勇気

話半分というけれど、アナウンサーの話は半分以下かもしれない。どこでそうなるのか、つらつら考えるに、自分でそしゃくする段階ですでに二倍に感動する。それを他人に話す時に味付けをするので、さらに二倍になる。だから、これからお話しすることも、私のあいまいな記憶力と自己流の解釈が加わっているので、講演したご本人のニュアンスとは色合いが多少異なるかもしれない。

先日、ノーベル賞受賞者である江崎玲於奈氏のスピーチを札幌で聞いた。ユーモアをまじえて日本を、日本人を客観的に語るすばらしいものだった。特に「ノーベル賞を獲得する五ヶ条」というのは、示唆に富んだ内容である。
一、行き掛かり、しがらみにとらわれるな。そうでなければ新しい飛躍は見えてこない
二、権威にとらわれるな。例えば、大先生に師事し先生の言う通りに研究したとする。大先生はノーベル賞を取るかもしれないが、あなたは取れない
三、無用なものは捨てなくてはいけない。人間の容量は決まっている。新しいメモリースペースを常にあけておくことが必要である
四、戦うことを避けてはいけない
五、初々しい感性を持とう。常に好奇心を忘れてはいけない
この五ヶ条の素晴らしさは、ノーベル賞ならずとも自分の身近な目標にも応用できる真実がそこにある点であろう。このお話で、私がどれだけ勇気づけられたかしれない。

江崎氏のお話を、金曜日の「週刊ＡＩＲ-Ｇ'族」の中で紹介したところ、「会社に行く途中の車の中で聞いた。もう一度教えてほしい」と連絡がきた。聞けば、どこかの社長さんが新入社員への訓示に使いたいのだそうだ。

春――。ノーベル賞なぞハナから取れると思っていない私にも、これを読んで頑張ろうと思ったあなたにも、季節は新たな息吹とともに、皆に平等に訪れる。

味覚と遊びで土佐満喫

「なめたら、なめたらいかんぜよ」

日本中の人々に知られた土佐の言葉といったら、やっぱり夏目雅子が映画「鬼龍院花子の生涯」ですごんだ啖呵《せりふ》、これにつきるだろう。

先日、取材で高知県に行った。人生初めての四国上陸である。「あったか高知」のキャッチフレーズ通り、五月というのにまるで北海道の真夏のような気候だった。

初鰹《はつがつお》の季節で、土佐料理の店に入ると「鰹のたたき」にはポン酢醤油《しょうゆ》がかけられ、ネギの小口切りとショウガ、それにニンニクの薄切りが添えられている。高知では鰹にはニンニクがつきもので、家庭によっては丸ごとかじりながら食べるそうだ。

「翌日、臭くて嫌われませんか?」と聞いたら、「いいえ、どこの家でも同じですから同罪です」と、笑いながら答えてくれた。この食べ方、試してみるといい。やみつきになる。

そのほか、「どろめ（イワシの稚魚）」「のれそれ（アナゴ類の稚魚）」「うつぼのたたき」と、どれも酒の肴《さかな》にぴったりの料理ばかりである。しかも、昔から伝わるお座敷遊びも、はしを使ったじゃんけんのような「はし拳《けん》」や、テーブルの上に置くことができない天狗《てんぐ》などの形の猪口《ちょこ》で遊ぶ「べく杯」など、結果として大酒を飲まされるものばかりである。

北海道で「スキー上手なの?」と聞かれて、並みの腕前なのに「はい」なんて答えようものなら赤っ恥をかくように、「お酒、強いの?」なんて聞かれても、決して「まあね」なんて言っちゃいけない。飲まされてヘロヘロになってしまう。

高知から帰ってきて十日ほどたつ。なんだか日に日に恋しくなってきた。四万十《しまんと》川の蛇行した流れ。雨上がりの街路樹のヤマモモのにおい、どれも懐かしい。今までしばらく北海道から世界に目を向けて旅をしてきたが、日本の中にも興味をそそられるところがいっぱいある。ちなみに、かの地ではジとヂ、ズとヅの発音の区別が明確にあるのだそうだ。

高知で生まれて、札幌で育てた「YOSAKOIソーラン祭り」が、もうすぐ街を舞台ににぎやかに幕をあける。

堂々の一位はバニーガール

「週刊AIR-G'族」の放送の中でコスプレ・ランキングをしてみた。コスプレとはコスチューム・プレイの略、つまりいろいろな制服を着て楽しむ遊び。一番着てみたい服はどれかと、聴取者に問いかけてみたのである。

選択肢は、スッチー、ナース、女子高生、ファミレス、婦人警官、バニーガール、くのいち(女忍者)、レースクイーンの八つである。

参加者は電話をかけ、プッシュボタンを押すだけでコンピュータが自動集計するシステムで、男性、女性いずれでも可としたが、もちろん女性が圧倒的だった。「ぜんぜん、なんのことかわかりましぇーん」というファクスも来ていたので、言葉の意味を簡単に紹介する。

スッチーはスチュワーデスのこと。最近はキャビンアテンダントと言うそうだが、国際線のフライトをする彼女たちにはあこがれる。

ナースは看護婦（現在は看護師）さん。白衣の天使の言葉通り清純なイメージがそそる。ファミレスはファミリーレストラン。この制服も最近は人気の的。ブランドもののかわいい制服がある。

さて結果はというと、バニーガールが一位だった。理由はロンバケ（テレビドラマ「ロングバケーション」）の「みなみちゃん」がかわいかったので……とか、胸のスプリングがきいているうちに一度は着て写真を撮っておきたいなど。ちなみにあの服装は、どんな女性が着ても似合うという話もあるが、そんなことは誰も信じていない。

女忍者とレースクイーンはほとんど人気がなかった。そして何より意外だったのが、二位の婦人警官である。「あの服装で嫌な上司に命令してやりたい」のだそうだ。最近のOLから寄せられる上司についてのファクスで、「あたしのとこに来て世間話なんかしないでよね。仕上げなきゃいけない仕事が、いっぱいあるんだから」なんてのがあった。バブリーな時代をやりすごし、職場で奮闘を続けるOLたちの声が聞こえた気がした。

発想変えれば、楽しみ方はいくつも

先日、放送で「家」に関するモロモロの特集をした。最近需要が増えてきたと聞く一軒家のエレベーターとか、サイディング（外壁材）のチェックはお早めに、といった情報を提供してくれたのは一級建築士の西代明子さんである。

彼女は中学を卒業したあと勤めながら資格を取った方で、私より三歳上、肩ひじ張ったところがない。どこから質問をぶつけてもユーモアを交えて確実に答えが返ってくる。今回送られてきた質問への回答にも、ナルホドと納得したキーワードがあった。いくつか紹介してみよう。

「カビにはスノコ」

布団はたたんですぐにはしまわない。水分を含んだ布団は押し入れのカビの原因になる。壁に発生したカビはカビ取り剤で落としたあと、ふすまは開けっ放しにする。また、薄めのスノコをたてて壁際につけておくと、少しはカビを防げる。

「壁紙を一生ものと思うな」

壁紙はそもそも数年に一回張り替えるもの。けれど、ついおっくうで一生使い続ける人も多い。

「カーテンは二種類」

洗濯に出したあとシーツを窓にぶらさげておくわけにいかないので、高価なカーテンは新築時の出費のどさくさに紛れて、夏冬の二種類を思い切って購入する。

「穴は楽しむ」

実は我が家には、息子が小さい頃、力が余って空手チョップであけた穴が数ヶ所ある。しかたなしに、ロサンゼルスで購入したハート型のポプリのクッションを、画鋲《びょう》でとめて隠している。何とかならないかと相談したら、これはばかりはどうにもならないそうだ。

マンションなどの壁は薄い板一枚のことが多く、たとえば洗面所などでタオルホルダーがボコッと外れてあいた穴は、補修のしようがない。そこできれいなタイルを張るとか、部屋ならポスターを張って隠せばよい。

そう、人生は発想を変えるだけで十分に楽しめるのである。

作ってみた映画の中の料理

「月とキャベツ」という映画を観てから、毎日のようにキャベツを食べている。

映画は、バンドを解散した後、田舎に引きこもって暮らすボーカルの「花火」くんのところに、「ヒバナ」と名乗る不思議な女の子が居候を決め込んでしまい、やがてその子に励まされて自分の歌を完成させるという物語だ。

不覚にも涙があふれた映画だが、不思議なのはキャベツである。サラダの材料か、スープの具としか思っていなかったのに、やけにおいしそうなのだ。中でもキャベツを丸ごと煮たようなものを半分ずつ皿にのせ、ナイフとフォークで花火とヒバナが食べるシーンが心に残って、自宅に帰ってから、塩ゆでにしようかどうか迷ってブイヨンで丸ごと煮てみたら、なかなかイケた。

伊丹十三監督の「タンポポ」にもそそられた。美食家のホームレスがレストランに忍び込んでオムライスを作るシーンがある。普通は卵焼きでチキンライスをくるむのだが、映画の中では、①チキンライスを作る、②オムレツを作る、③上にのせて真ん中を切って開く、④ケチャップで飾る——これがあまりにもおいしそうで、その後、我が家の定番メニューになった。

映画や雑誌のグラビアを見て、「うーん、おいしそうだな。これを作ってみたい」とまで思わせる力ってなんなのだろう。

そういえば年下のディレクターが、「おれ、放送って、言葉とか音以外の別のものが出ている気がするんです」と言ったことがある。オタッキーなコンピュータ少年と思っていた彼の言葉だったので感心した。「何かこう……オーラっていうか、心を伝えたいっていていう気合っていうか、それが多い番組がいい番組ってことでしょう」。高度に機械化が進む放送現場でこれから必要なのは、こんな感覚のスタッフなのだと思う。

三年で華々しく散ろうと思っていた「週刊ＡＩＲ－Ｇ'族」も、五年目の春を迎えた。これからもおいしそうな番組を届けたい。

生放送を休み、最後の親孝行

年が明けてまもなく、母が逝った。四年前に心筋梗塞《こうそく》を患ってやがて肺機能が低下し、私が去年末に東京都内の病院を見舞った時は、酸素ボンベを付けていた。

「いやね、こんなの引きずって歩かなきゃなんないのよ」と疎ましそうに見ながら、「私が死んだら、ずっとあなたたちと一緒よ」と言ってから、「怖がらなくていいのよ。守護霊になるんだから」と大まじめに話す顔をまだ覚えている。

生放送の担当者は親の死に目に会えない、という時代に教育を受けてきた。私は木曜に帰札して、金曜日に受け持っている番組「週刊ＡＩＲ－Ｇ'族」の生放送は自分ですると言い張った。が、「いいから最後の親孝行はしてこい」と休みをくれた上司と、代わりに番組を担当してくれた後輩に感謝している。

もう何十年も前、体調を崩していた母が「あたし、早死にするんじゃないかしら」と不安気な声でつぶやいた時、当時、我が家にきていた占い「四柱推命」をみるおばさんから、「大丈夫だよ。あんたは七十二歳まで生きるから」と言われたことがある。今年の一月二日で母は七十二歳になったばかりだった。

超常現象などとは思っていない。母は自分で、七十二歳に死ぬ準備をしてきたろうし、私も母が七十二歳の時、命を終えるだろうと長い時間をかけて覚悟を決めてきた気がする。私もそのおばさんに自分の死ぬ年齢を尋ねたことがあるが、彼女は笑って答えなかった。最近になって、聞かなくて良かったと思った。私もきっと暗示にかかってしまっただろう。

母はインフルエンザにかかったのだと思う。あのウイルスは「お年寄りの最後の命の燈《ともしび》を消す」と言われているのだそうだ。

番組では一切ふれなかったが、これが突然、一月十七日の番組を休んだ理由である。けれど、これを読んでもファクスでお悔やみのたぐいは送らないでほしい。番組の中では、私はいつも陽気な美知子さんでいたい。じゃあなぜ文章を書いたのかというと、書かずにはいられなかった。

これは、長いこと一緒に暮らせなかった最愛の母に送る、故郷を捨てた不肖の娘からの鎮魂歌なのである。

激しさと優雅さに熱狂

あまり期待しないでグラミー賞授賞式の衛星中継を見た。この頃、日本のヒット曲はアメリカの状況と少し違っているし、ダンスを見ても日本で見る機会が増えたせいか、あまり感動しない。けれど、さすがアメリカ最大の音楽イベントというだけあって、往年の大御所の元気な姿が見られるので、毎年楽しみにはしている。

いつだったか、ロック歌手のリトル・リチャードがプレゼンターとして出てきて、ロック部門のグラミー賞を紹介するときに、「いいなぁ、おれにもくれたっていいじゃないか。ロックはおれが始めたんだぜぇ」と言ったことがある。こんなアメリカン・ジョークも好きで、今年も見てしまった。

ちまたで話題になったのは、ヒラリー・クリントンの朗読・非音楽部門での受賞だったが、私にとっての一番はミュージカル・パフォーマンス部門でグラミー賞を獲得した「リバーダンス」である。テレビの画面で男女のペアを見たときは、ただのタップダンスだと思った。そのうち、あまりの優雅さに身を乗り出した。

「アメリカっておもしろい国よね。クラシック・バレエとタップが一緒になったような、こんなのがあるんだから」とつぶやいているうちに男女が二十人ぐらい現れて、極端に言うと、ひざから下のみを激しく動かしてステップを刻みだした。上半身は不動のまま、全員一糸乱れず踊るステージに、「すごーい」と私は大騒ぎしてしまった。

ニューヨークのマジソン・スクエア・ガーデンに集まった人々は、スタンディング・オベーション（立ち上がっての拍手）で熱狂した。聞けばこのリバーダンス、もとはアイルランドの伝統的なダンスでタップではない。現在二つの国で二百人が出演してミュージカルを上演しているのだが、見たいと思ってもチケットはとても手に入らないとか。

災難なのは私の友人たちである。このところ、耳を引っ張って手当たり次第に「リバーダンスはねー」と言葉の洪水を浴びせているものだから、「またか」という顔をして、困惑しながらもほほえんでくれている。

流行に敏感なＦＭに

まさに「たまごっち」狂奏曲である。市場に出回っていない分だけ、購買心がムズムズするのだろう。買うために銀座に何千人並んだ、なんて話を聞くと、老いも若きも騒ぐのは「だっこちゃん」以来じゃなかろうか？

私はかなり早い時期に人から譲り受けた。デパートで山積みだったそうだ。

もう三ヶ月以上前になる。一通のファクスが番組あてに届いた。

「うちのコギャルが、プリクラの次は『たまごっち』だって言ってます」というお母さまからのものだった。はっきり言って放送局といえば、流行に敏感な集団（のはず）だ。すぐさま「たまごっちって何だ？」と周りの人間に聞いたら、誰も知らない。若い子も物知りもテレビっ子も、だあれも知らない。

こりゃ、広くリスナーに教えを請うべきだと、意を決して「たまごっちって何？」と生放送ですぐに呼び掛けたら、来るわ来るわ。手のひらサイズのゲーム機「テトリス」を操るテトラーなどと一緒に写った、カタログ雑誌のコピーまで届いた。優秀な我が社の後輩が番組を聴いて、次の日には買ってプレゼントしてくれた。

その頃はまだ業界人は誰も知らず、誰も興味を持っていなかった。「見せびらかしがいのない人々」と思っているうちにこの騒ぎである。おかげで我が家には「五千円出すから譲ってくれ」だの、「親のメンツがかかっている、慈悲だと思っておれにくれ」だの、「ちょっとでいいからさわらせて」だのかまびすしい。

うそかまことか「おやじ狩り」ならぬ、持ってる人が襲われる「たまごっち狩り」もあるという話が、昔大流行した「口裂け女」並みのスピードで広がっている。こういった流行モノがマスメディアにのる順序は、だいたいFM→テレビ→新聞だし、そうありたいと思っている。

猫も杓子《しゃくし》も「たまごっち」なので、私はもう飽きちゃった。おかげでウチのたまごっちは、昨日もウンチ三個ためたままご就寝である。そんなわけで明日から一ヶ月間、この子はいよいよ里子に出る。

キャリアの頼もしさを

最近、心なしかOLたちに元気がない。気のせいか落ち着いちゃったような感じがする。かつて東銀座あたりを、ボディコンのOL様が闊歩《かっぽ》していたような、金のアクセサリーをキャラキャラさせ、社内外でブイブイいわせていたようなにぎわいがない。

先日、「週刊AIR-G'族」にファクスが届いて、「会社を閉じるというので退職届を出したら、新聞に社員募集の広告が載っていた」とあった。スタッフ一同、「ひどーいっ」と声をそろえてしまった。

バブルがはじけてしまい、リストラが流行語になった頃から、「あおり」を食ったのはOLかもしれない。だいたい、「OL様」という言い方がもう似合わない。見え透いたおべんちゃらはもういらん、仕事しようよという時代なのかもしれない。

三十代半ばの女の子たちとお昼を食べていたら、役所勤めの美人が「この前、一人で部屋で仕事してると、ドアを開けたおっさんが『なーんだ、だれもいないのか』って言ったことがある。思わず『いるだろ、ここにいるだろアタシが』って言ってやろうかと思った」なんて話をしていた。

「そういえば、電話に出たら『男を出せ』って言われたことない？」と広告代理店の女の子が聞くと、放送局の制作の子が「あるある。でもそういう時、あたしの部下の男の子に出てもらって、『何か私どもの上司に不始末がございましたか？』って言わせてる」

いわゆる「キャリア」の域に入った彼女たちは、まるで馬に乗って戦場を駆けめぐり、倒れた勇士を運ぶワルキューレの乙女たちのようだ。頼もしいなと思った。

長い冬が終わってようやく春が来る。歓喜もつらさも、永遠という時はないのだと季節が教えてくれている。さてと、あちきも今夜中に頼まれた企画書二つ、仕上げちゃおっと。

大通公園で二千人の大合唱

昨年の大みそか、ホワイトイルミネーションに輝く大通公園でカウントダウンをした。一人のディレクターから、二丁目広場には年末に自然発生的に人が集まり、テレビ塔を見ながら新年を迎えるのだ、と聞いたのがきっかけである。

新年前夜のイベントで有名なのはニューヨークのタイムズスクエアだ。聞くところによると、全米にテレビ中継され、著名な司会者が進行するという華やかなもので、その模様は映画「エンゼル・ハート」の重要な場面の舞台としても登場している。

数千人の人々が集まり、紙吹雪が舞い、ニューイヤーズ・キッスとシャンパンの乾杯。そんな場所があるとすれば、日本では敬虔《けいけん》な雰囲気の除夜の鐘でも、神社の初詣でもない。外国文化と調和した街、札幌のテレビ塔が舞台としてぴったりだろうと、企画実行に向けて、私も燃えた。

企画を聞いて鼻であしらった人、惜しみない協力をしてくれた人、寒い中を手弁当で手伝ってくれた人……、悔しさも喜びも同時に体験した。イルミネーションの実行委員会も行政側の札幌市経済観光局も一体となり、実現に向けて火の玉のようだった。

深夜十一時半に五丁目から二丁目まで順にイルミネーションを消し、零時の時報とともに一斉に再点灯する。紙吹雪はあとの掃除が大変なので、音だけのクラッカーにした。「大通公園を札幌のタイムズスクエアに」のサブタイトルがついたこのイベントは、結果から言うと大成功に終わった。当初「せいぜい二百人も集まれば」と思っていたにもかかわらず、何と二千人もの大合唱のカウントダウンになったのである。

そんなこんなで新年明けて、私はしばらく「燃えつき症候群」のように、ふ抜けの毎日を送っている。そして気がつけば、街は確実に時を刻み、大通公園も雪まつりに向けてブルドーザーが慌ただしく行き交っている。

無理に流行追わずとも

期間限定で「週刊ＡＩＲ-Ｇ'族」のホームページを作った。十二月三十一日まで出演者の顔も見ることができる。数字と記号の羅列を放送で伝えると、違和感があった。聞き慣れないホームページアドレスに何人かの聴取者が、「もう時代についてゆけない」とファクスを送ってきた。

実際、アメリカでの最近のインターネットの流行は時代を席巻《せっけん》し、それを揶揄《やゆ》したこんなジョークが雑誌に載っていた。

「最近はだれもがディスプレイの前に座りっ放しで、気がつけば隣で飼い犬がホームページを開設している。それを見て散歩に連れていかなきゃ、とようやく重い腰を上げた」

こんなご時世に、自分だけが取り残されるのではないかと、ふと不安になることもある。

放送業界も通信の世界も急激に変貌しつつある。今後どうなるのかと判断を焦った時、テレビの草創期にかかわった方と話をする機会があった。テレビが世の中に出現した時も今のように混乱したのだろうか。

七十歳に手が届くその方は、「私はもう、機械に自分を合わせようとは思わない」と言ってから、静かな声でこう続けた。

「自信を持ちなさい。あなたは本物なんだから、時代に必要なものは向こうから飛び込んできます」

スゴイ殺し文句だと思った。いつか後輩が悩んでいたら同じセリフを贈ってあげよう。

そういえば、コンピュータ専用に一部屋を改造までした四十代の友人もこう言ってた。

「あまりの流行に、インターネットもマルチメディアも飽きちゃいましてね。妻と話しているんですよ。やっぱり次に夢中になるなら、ソーシャルダンスですかねぇ」

時代の流れに身を任せ、私も地を這うカブト虫のように生きてみよう。そのうち見えてくるものがあるかもしれない。

司法書士って何する人？

司法書士って何をする人なんだろう？　弁護士とはどう違うんだろう？

札幌司法書士会から、ＡＩＲ-Ｇ'番組内で法律相談の時間を設けたい――と持ちかけられた時、最初に浮かんだ疑問がこれだった。とりあえず先方にお会いしたら、「例えば一人の人物が毎週金曜日に相談する。その内容が、聞いている人にも共感を呼ぶような設定はどうですか」と司法書士Ｈさんが口を開いた。

「そうですね、『金曜日の妻たちへ』なんてタイトルにして……」とかつての人気テレビドラマの名前を冗談で挙げたところ、次の週に持ってきた企画は、もめごとを抱える「つばさ」という名の奥様に、司法書士が毎週金曜、悩み解決のヒントを与えるという五分のコーナーで、タイトル名に「金曜日のつばさ」と書かれていた。

こうして分かりやすい法律相談の時間、通称「きんつば」が、金曜放送の「週刊ＡＩＲ-G'族」で始まった。

ある日、つばささんは待望の家を持つことになった。ところが土地の権利書をなくしてしまった。さあ大変、どうしよう。

それについての答えは、①権利書は水戸黄門の印籠《いんろう》のようなもの。印籠を紛失しても黄門さまは「先の御老公」であることに変わりはない。②名義変更に必要なものは権利書、印鑑証明書、実印。この三点セットを一緒に紛失した場合は、トラブルが起こることもある――というのだ。

さらに、権利書は再発行されないので、もし土地を売りたい場合は保証人を二人たてる必要がある。でも保証人には、誰もなりたがらない。じゃあ、だれが保証人になってくれるの？　答えは法務局に登記する司法書士二人が保証人になってくれる――。このように、いろんな仕事をし、疑問に答えてくれるのが司法書士さんなのだ。

ちなみに、弁護士とはどう違うのかという冒頭の質問には、「弁護士は依頼人の代理人になれるが司法書士はなれない。あくまでも本人に知恵を授ける軍師です」という答えが返ってきた。

すがすがしいお役人

先日お役人と話していて「サンパイの問題が」と言うので、「参拝」かと思ったら「産業廃棄物」のことだった。チョベリバ（超ベリィ・バッド＝最悪）とかホワイトキック（しらける）みたいなコギャル語も分からないが、役人言葉も難解だ。通訳がほしい、とよく思う。

そんな折、上川農業試験場（上川管内比布町）の相馬暁場長に話を聞いた。上川の米作の歴史と現状という難しい話なのに、語り口調の面白さで最後まで笑いっぱなしだった。

相馬氏の話の面白さは、話の分かりやすさにある。北海道農業の夢を託したいと命名した「ほしのゆめ」は、おいしい米として期待を集める一方で、いもち病などに弱く、またちょっと手を抜くと食味が落ちる。「これを私は『病気もちの絶世の美人』と言っています。でも、これを世に出すだけの技術を持った農家があるので、自信を持って普及を進めています。これに対してきららは『安産型の良妻賢母』です」

同農試では現在、「農耕地から台所の奥様の口元まで」を合言葉に新品種の開発のみならず、家庭での炊き方まで視野に入れている。

「前日に米を研いでタイマーで炊く奥さまがいますね。やめたほうが良いです。米は必要以上に水につけておくと裂けて、花咲き米とか切腹米になります。でも、この話は奥さまにしない方がよろしい。結果は見えています。そう、『だったら、あなた早起きして』です。私はもう言われました」

あまりの話の楽しさに「昔は落研（落語研究会）でしたか？」と、ふざけて仲間が尋ねたら、氏の答えはこうだった。

「講義をしても難しい話になると皆眠ってしまうんです。そこで理解してもらうためにこうなりました。私は技術者に『相手に分かるよう話して、初めて技術』と言っています」

感動しましたね、私。難しい話を難しくするのが権威だと思っている人も多いなか、すがすがしい方とお会いした思いだった。

氏のすごさは活字では伝わらない。ぜひ、氏が勤めている比布町まで足を運んでいただきたい。※農業研究者・相馬暁さんは、２００５年３月に逝去されました。

バブルがはじけたＯＬの危機感

先日、週刊誌の見出しを眺めていて、ウマイなと感心してしまった。「局アナは哀《かな》しからずや、芸能界にもＯＬにも染まずただよう」と書かれていたのである。若山牧水の歌と違ってゴロがわるいのは難だが、実に言いえて妙なのだ。「白鳥は……」は寂寥《りょう》感漂う歌だと評されるが、私は孤高の鳥に気高さが感じられて女学生のころから好きだった。

確かに一般人から見れば、有名人と番組内で仲良く会話している放送局のアナウンサーは、芸能人に近いかもしれない。でもスタジオの中で親しく話をしていても、一歩出れば礼を失しないよう距離は作る。もちろん、同じアナウンサー仲間でも目をハートにして、だれにでもくっついて行きたがる子もいるけれど、私たちはいつも染まらず漂うのである。

それにしても最近、芸能界の臭さを持ったタレントが減ってきた。ＡＩＲ‐Ｇ'に来るほとんどのタレントが、どこか普通の感覚を持っている。しかも、普段はほとんどノーメイクで顔の造作も十人並みなのに、ＣＤジャケットの写真は謎めいた美女に写っていて、ひとたびステージに上がると輝くようなオーラを発している。彼女たちはまるでスターを演じ切っているようなのだ。

ところで先日、雑誌の取材記者と話をしていて、「最近のＯＬたちは、元気がないんじゃないか」という話になった。彼女の分析では、「バブルの頃に描いていた人生設計はいくつも選択肢があったのに、案外そうならないのでは、と危機感を持ち始めたせいじゃないか」というのだ。もしかすると、仕事をすることの限界も見えてきたのかもしれない。だとしたら、はじけた時代の白鳥たちよ、一番お気に入りのドレスを着て、ステージに上がる気分で輝くように仕事をしようね。時には鬼のようにＯＬもやろうね。そして「海の青、空の青にも染まず漂う自分」を愛してあげよう。

ＤＪ仲間と番組で舌戦

ゴルフを始めた人は皆、こんな辛酸をなめるのだろうか。己を信じる気持ちが、心の中でぼろぼろに崩れてゆく。

練習場では小さな球が美しく弧を描いて飛んで行くのに、コースに出ると当たらず飛ばず、ボウリングしとるのかと自分でも思うくらい、ボールは情けなく地面を転がってゆく。それでも今年で二年目。やめずに来れたのは、私が「勝ち気」だからなのだと思う。もともと負けるのに慣れていないし、勝つまで頑張るタイプなのである。で、世の中の「キミって勝ち気だね」と言われる女の子にはお分かりいただけると思うが、結構苦労も多いので、いろんな意味で自分と戦っている。

小学生のころは、むきだしの競争心で他人と勝負したこともあった。高校時代は偏差値教育のはしりで、少なくとも数字で評価が出た。けれど社会では、試験のように明確な評価は出ない。しかも、勝つことが必ずしも良い結果にならないことも多い。

そこで「ひとに勝つより、自分に勝てとぉ……」と、村田英雄の歌の一節を口ずさんでみたが、どうもどこかオヤジの説教みたいで気分が弾まない。そんな時、ゴルフの好敵手に巡り合った。彼女の名前は千葉ひろみ。「2時いろネットワーク」のＤＪである。私と同じ勝ち気なタイプで、面と向かって「中田さんには負けない！」と言うので、私も競いやすい。

お互いに勝った、負けた以上に、結果的に自分が成長したい、昨日できなかったことが今日はできるようになりたい、そのためのライバルなのだと分かっていて、番組内で舌戦を繰り返している。

それにしてもゴルフは手強《てごわ》い。毎回自尊心がボロボロになる。またある時は「これだっ、美知子、目からウロコが落ちたり！」と思うのに、次に行くとウロコがついている。

今のところスコアは低レベルの戦いを一歩抜け出し、一回だけ一〇七を出した後は、ライバルの千葉と平和な戦いを楽しんでいる。

恋の手管で口説いた有能ＤＪ

仕事と恋はよく似てると時々思う。男も一度に殺到するかと思うと、キャンセルされるとたて続けに去って行く。放送業界でなくても、そうなのだろうか？

「(スポンサーを) 落としたか――」とか「(スタッフと) うまくいってないんじゃない？」と言うが、そっくりそのままカッコの中を「あの娘」に入れ替えても通用する言い方をよくする。スタッフを口説く場合も、恋の手練手管が有効な場合も多い。

この六月で私のもとを去るＤＪのケン・おやぢ・シブヤが「番組を降りたい」とにおわす発言を始めたのは、今から一年半前のことである。「体がもたない」とか「僕じゃなくても……」とか言うものの「何が何でも辞める、別れる、切れる」という気迫がない。

週刊ＡＩＲ-Ｇ'族の欠かせないキャラクターだったので、私も悲しそうにはらりと涙を流したら半年もった。その次に、「もう僕、限界です」と言われて「あなたなしじゃ、あたしだめなの……」と、かきくどいて半年だました。そして三ヶ月前、クドクドと自分の置かれている立場を説明するに及んで、私もキレた。男も仕事も、私は「去るものは追わない」主義である。

長いこと札幌に暮らしているが、おおむね北海道の男は優しい。それが優柔不断と受け取られもするし、毅然《きぜん》と「別れる」と言えない分だけ、不倫の恋にハマル男も多い。そんな北の男たちが、私は好きでたまらない。

番組では、「はるか十万光年の彼方のケンタウルス星に帰る」と話すケン・シブヤに、「辞めないで」とか「あたし泣いちゃう」とか「ケンのバカ」というファクスが相次いだ。最も多かったのは「ケン、あなたのこと何も知らなかった。あなたの正体は何?」というものだった。有能なＤＪとしての生命に自ら終止符を打った、声と顔にギャップのあり過ぎる謎の資産家、とだけ申し上げておく。

金と名誉とラジオと女

ギャラクシー賞という名誉ある賞をいただけることになった。放送批評懇談会（事務局・東京）という組織が、過去一年間に放送界で活躍した個人と団体に贈るもので、我が業界のピュリツァー賞と言われている。私が対象となった「ラジオ部門DJパーソナリティ賞」は二年前、赤坂泰彦さんが受賞して話題を呼んだ。全国からただ一人、札幌に住む私を選んでくださり、「FM新時代の語り部」とまで評してくださった。涙が出る。超うれしい。

以下は番組リスナーからのお祝いのファクスである。

☆ギャラなんとか賞おめでとう！　「ギャラ高いっしょ」かと思った

☆シャ乱Q賞おめでとう

☆今朝、夫と新聞を見て驚きました。受賞のことよりも、名前の後のカッコの中の数字です（注・あれは年齢ではありません。昭和四十六年生まれということなのですよ）

☆赤坂さんが受賞した時、「DJとして花を咲かせたい」と話していました。中田さんなら？と聞かれて、「私は花を咲かせようと思わない、DJとして実を結ばせたい」と二年前に言ってましたよね。結実のごほうびは？（注・あの時はギャラクシー賞で実を結ばせようとは思いもよらなんだ）

取材記者の質問で最も答えに窮したのは、「次の目標は何ですか？」である。賞を目標にしたことはなかったし、元来刹那《せつな》的に生きてきたから、気の利いた返事ができない。そこでレディＭさんがこんなファクスをくださった。

☆ギャラクシー賞の次の目標は秋の天皇賞です、ってのはどうですか？こんな「打てば響く」リスナーに支えられて、ここまで来れた。六月末に友達がパーティーをしてくれるそうだ。ホテルで豪勢にやるぞ。「友達ども、みんな金を出せ！　あたしゃ、もう結婚式しないんだから」と脅しまくっている。

最後にみんなに尋ねられるので、はっきり申し上げると……ギャラクシー賞に「賞金」はないんです。

腕まくりして迎え撃ち

初夏のことだったと思う。朝、目を覚ましたら、黒いアリが枕の横で散歩していた。がばっと起きて布団をめくると、胡麻《ごま》のようなものが白いシーツの上に散乱していた。私は相当な近眼で、コンタクトを取ると、人の顔でもキスをするくらいの近さにまで来ないと全然見えない。

洗面所に走り、視力を確保して自分の部屋に戻ってゾッとした。大量の黒アリは、外のツツジの植え込みから窓のサッシのすき間をかいくぐり、私のベッドめがけて行進しているのだ。気味が悪いので取りあえず部屋中を掃除し、クレゾールで消毒してみた。

不思議なことにベッドの上はおろか、衣装ケースにもどこにも飴《あめ》や砂糖などの甘いものはない。じゃあ何を求めて突進したのかと想像するに、考え得るのはフランス製のボディローションである。こってりと体中に塗った翌日のことだから……。

この話を放送でしたところ、何人もの人がファクスをくれた。どうやらアリは二階であろうが、北側の部屋であろうが、何かを目指して実直に行軍を始めるらしい。そしてある日、こつ然と姿を消すのだそうだ。

「アリの巣コロリ」という薬が有効だと教えてくれた人が多いので、よっぽど買おうかと思った。何やら、アリを巣ごと全滅させるというスグレものだとか。

アリの一族郎党をやっつけて、怨んだ残党に敵討ちされるのも剣呑《けんのん》だし、と思い悩んでいるうちに突然入って来なくなった。

考えてみると最近、都会のマンションでは虫を見かけなくなった。たった一匹のハエを見て「きゃあ、あなた何とかして」と、悲鳴を上げて逃げ惑う奥様を知っている。気持ちは分かるけど、私が育った東京・原宿にだって、昔はダンゴ虫もいれば芋虫もいた。

「さあ、アリンコたち、かかってこいよ。迎え撃ちにしてくれるわ」と腕まくりして、今年も小さき生き物を待っている。

二十一世紀に残せる財産

「あなたに以前聞かれていたのでお答えしますと、あれは……」と音楽評論家が口を開いた。札幌コンサートホール「キタラ（Kitara）」の音についての評価である。

私の周りのいろんな人が、いろんなことを言う。だから「聴く耳」という点で信頼する、その方の意見を聞きたかったのである。しかし、彼の表情からは○なのか×なのか想像がつかない。私の不安な気持ちをかき消すように、続いた言葉はこうだった。

「あれは間違いなく日本有数の、いや今後の使い方によっては世界有数のホールになるでしょう。音が悪いと言う方がいらしたら、その方はご本人の耳を疑いなさい」

札幌にキタラが誕生して二ヶ月が経とうとしている。ひょんなことで、工事中からそばで見守っていた私にとっては、我がことのようにうれしかった。

ステージを中心にブドウ棚が広がっているようなワインヤード方式で、雰囲気は森のなかでコンサートを楽しむ気分だ。私たち観客は、ウサギやシカなど動物たちのように演奏家を見ている。それはそれは、あったかい気持ちになるホールである。そして何よりも、楽器の音が一つひとつくっきりと聴こえて、それでいて柔らかく体を包んでくれるのだ。

件《くだん》の評論家が、「そこなんですよ」と一段と声を高くした。

「普通、それぞれの楽器の音がくっきり聴こえると、体に突き刺さるようになるのです。ほわんとした音のホールは、音がだんごになる傾向があります。キタラは相反するものが同居した希有《けう》なホールと言えますね」

ここに至るまでの関係者の努力も傍らで見ていた。彫刻の置き場所を夜中まで、あっちだこっちだと動かして風景のなかの調和を見いだし、ロッカールームの使いやすさなど細かいところに工夫を凝らし、バーコーナーの名前を考え、大変そうだが愉しそうだった。

「機会があればキタラにおいで！」

私たち札幌市民は、間違いなく二十一世紀に残せる素晴らしい財産を手にしたのである。

オレンジペコの女

昔、女優の那智わたるさんが主人公のドラマで、ある女性が死んだあと、語る人によって彼女の姿が悪女になったり聖女になったりする話があった。多かれ少なかれ、人はさまざまな見られ方をするものだ。

じゃあ、自分はどんなふうに見られていたのか。最近、中学時代の友人に会って、十代後半の自分に出くわした。以下は、彼の語る三十年近く前の中田美知子の姿である。

僕たちが中学時代の友達と渋谷のブルックボンドで待ち合わせた時のことを覚えてる？

あの時店の人に「何になさいますか？」って聞かれて、中田さんは「オレンジペコ」（筆者注・紅茶の等級）って答えたんだよね。僕が「それってなあに？」と聞いたら、中田さん「ふっ」って笑ってさ。僕なんか当時は、日東紅茶しか知らなかった。

僕は大学をみんな落ちて浪人だったから、がっくりきていた時だった。中田さんは、「W大とK大と両方受かって、どっちにいこうか迷っている」なんて言ってさ。今、オレ、塾を経営していてさ、生徒が六百人いる。生徒たちに「その時の悔しさがわかるかっ」て話してる。オレの塾の生徒で、オレンジペコの話を知らないやつはいないぜ。

こんな話を、渋谷のセンター街で教え子と歩いていて「おやじ狩り」に遭いそうになった話やら、某歌手の娘の家庭教師をしていて彼女がカラオケで父親の曲をとても上手に歌う話に織り交ぜて語ったあと、「ごめんな、キミのことずっとネタにしてたオレも罪深い」とビールをおいしそうに飲み干した。ちなみに東京にある彼の塾で私は、オレンジペコの女《ひと》として有名なのだそうだ。

過去の記憶を一時期でも共有している友はいとおしい。「○○さんも××くんも昔と変わらないねぇ」とみんなで騒ぎながら、周りから見ればただのおじさんとおばさんの集団なんだろうなと思った。

旧友がふるさとに帰って来る季節。周りからどんなふうに見られているかなんて気にしないで、少年少女に戻っていい時が人にはあると、私は思う。

ずっと「やせ馬」かと……

毎週金曜日、十一時間半の生放送を朝七時半から夜七時まで担当している。番組が始まった頃、「特別番組かと思ったらレギュラー番組なんですね」というファクスをもらった。体力が続く限りのトライアスロンのような番組である。

「中田美知子の週刊ＡＩＲ‐Ｇ'族」というタイトルは、週刊誌をめくるようにお好きな時間を選んで愉しんでください、という意味が込められている。

女性向けの雑誌仕立てで構成されているこの番組の中に、スポーツの時間がある。未だに球団の名前を聞いてもセ・リーグかパ・リーグか区別もつかない私は、スポーツを知らない女のコの代弁をしているつもりである。蘊蓄《うんちく》をたれるのが好きな出演者、ボズとのやりとりはツッコミとボケの漫才のようなのだそうだ。

「中田さんの話を聞いていると、こんなことも知らんのかと、イスから転げ落ちそうになった」というファクスが来た。本人は至って真剣なのですよ。

ある日、私の上を行くファクスが届いた。

「今日の競馬についての話を聞いていてようやくわかりました。ヒンバというのは牝《めす》の馬のことなんですね。私、ずっとやせた馬のことで〝貧馬〟だと思ってました」

かつて若き日、私は知識を蓄積したいと努力した。昨日の自分より少しでも知恵者になりたいと願った。そしてある日、気づいたのである。賢い女は苦労が多すぎる。だから今では、阿呆と言われて愉しく生きたいと思う。

ちなみにその彼女は、番組リスナーのあいだでは「ヒンバの女《ひと》」として記憶されていて、「あの人はその後どうしてますか」と時々尋ねられる。

ラジオは愉しい。顔も知らない何万人もの人たちが、ファクスと私の声でつながって、ひとつの時を共有している。

男と女を超えた同志（中田美知子から佐藤のりゆきさんへ）

初めて会った時、赤胴鈴之助に似ているなと思った。連載を一緒に担当してきた佐藤のりゆきさんのことである。赤胴鈴之助は、一九五四年（昭和二十九）から「少年画報」に連載された漫画の主人公で、父の形見の赤胴をつけ、独自に編み出した真空切りで江戸の町を荒らす鬼面党と対決する。おそらく佐藤さんの、きりりとした太いまゆと真っ直ぐに見つめる目が、幼いころの記憶に残る正義の味方をほうふつとさせたのだと思う。

二十五年前の春、私たちはアナウンサーの同期として希望に燃えて入社した。初めての司会は、日本語ロックの先駆けとなったバンド「あがた森魚&はちみつぱい」のライブで、それも彼と一緒のイベントデビューだった。伝説のロックバンド「シカゴ」が札幌に来た時は、私が影アナ（開演前後のアナウンス）をし、彼はインタビューをした。なんだかアナウンサーのひよっこ時代は、いつも一緒に仕事をしていた気がする。

その後、私が会社を辞め、ほとんど会う機会はなかったが、ある日、突然電話をかけてきて、会社を飛び出してフリーになると言う。それまで、慰留されてずるずると仕事を続ける男性ばかり見てきたので、私は半信半疑だった。

この辺のくだりは彼もよく話している。退職の意志を告げた後、一礼しドアを閉めて出て行こうとする彼に、上司は背中を向けたまま「再考しろっ」と言ったそうだ。いったん閉めかけたドアを開け、彼は「再考しません」と言い、そのあと「男一生の中で、決心した……云々かんぬん」と続けたそうな。彼にとってはこの後半部分のセリフのほうが涙ぐるうるのようだが、このやりとりを聞いて「男の世界やなあ」と妙に感心させられてしまった。その後、「もしかすると一年後に、仕事がなくて首くくってるかもしれないぞ」と言っていた彼は、順調に事業を広げアメリカ、ハワイにまで会社を設立してしまった。

本当に彼が、赤胴鈴之助のように正義の味方だったのかどうか、私は知らない。四半世紀の友達づきあいの間には、艶《つや》っぽい話も他人から聞いた。「脱パンツ健康法」を唱えた彼が、今でもパンツをはかないで夜眠るのかどうか私は知らない。しかし、間違いなく彼は、私にとって男と女を超えた「同志」なのである。

うれしい同志の活躍（佐藤のりゆきさんから中田美知子へ）

私がフリーになった直後のこと。「東京に来て仕事をしないか」と誘ってくれた知人が札幌に来た際、「ラジオでしゃべっているうまい女性がいるネェー」と言ったことがある。その女性とは、この「痛快トーク」を交代で書いてきた中田美知子氏であった。

私たちは北海道でこの仕事のスタートを切り、これまで北海道の人たちに応援してもらってきたのだから、この北海道で仕事をすることに意味があるということで、考えは一致していた。そして何よりも、北海道が好きだった。

私と彼女は一九七二年（昭和四十七）、札幌オリンピックが終わった春に北海道放送のアナウンサーとして同期入社した。彼女は東京出身の〝いいとこのお嬢さま〟で、慶応大学出身だからエリートと私は見ていた。数年もしたら、彼女はきっと東京に戻るにちがいないと思っていた。新人のころから声に艶《つや》もあり、勘も良く、将来は人気者になるだろうとだれもが見ていたと思う。

「放送界ではタレントやアナウンサーを起用することを『使う』という言い方をするけど、私たちは物や道具ではない」と、新米アナのころ二人で怒ったことがあった。

しかし、今はだれも彼女を「使う」とは言わない。彼女は大成したのである。「私は一生苦労しないで生きていくかもしれない」と笑っていた〝東京のいいとこのお嬢さま〟が相当、苦労をしたらしい。ここでは彼女との約束もあり、詳しくは書けないが、波瀾万丈の人生だった。その懸命に生きてきた証《あかし》が、それとなくラジオの聴取者に伝わる。

気がついたら、彼女はしっかりと北海道に根をはっていた。三人の愛息、愛娘が立派な大人になった。

今でも、私と彼女は結構けんかをする。「あんたも変わらないわネェー」「君もだ」と最後は苦笑する。男と女を超えたこんな仲を後輩たちは笑うが、私にはうれしい。

彼女が、「日本一のディスクジョッキー」に贈られる、「ギャラクシー賞」を受賞した。日本人は他人の成功を素直に喜ばないと言われるが、私は彼女の成功を心から喜び祝うことができた。

第Ⅲ章　旅して想う

ヨーロッパにて

あんなに分からないとは思わなかった。ロンドンの英語が、である。

泊まったホテルのフロントにいたロバートさんは、少女漫画に出てくる美少年のような顔をして、いきなり私たちに「トゥー・ペイプー」と言うので、二枚の紙のことかと思ったら「トゥー・ピープル（二人）」と言っていたのである。

映画「マイ・フェア・レディ」で、オードリー・ヘプバーンが淑女《レディー》になるために、ロンドンのコックニーなまりを矯正されるシーンがある。その時、彼女は「Rain of Spain」を、「ライン・オブ・スパイン」とやるのだが、かようにロンドン英語は、米語に慣れている耳には解読困難で、ただでさえ語学力が低レベルの私は、すっかりお手上げだった。ちなみにTeaのことはテーイ、OKのことをオカイと言っていた。

しかも、それが分からない東洋人を、フンと見下した顔付きで見るものだからストレスはたまる一方。私にとってのロンドンは生真面目で、ちょっと慇懃無礼《いんぎんぶれい》な街だった。

だから、パリへ行った時はほっとした。シャンゼリゼと凱旋門に向かって歩いた時は、

「さあ、ここがパリよ、遊んで行きなさい」と街が笑いさんざめいている気がした。私が片言のフランス語をしゃべると、「まあ、このコは頑張って話しちゃって」と、どこか優しいのである。ただ、買い物をしたり食事のメニューをオーダーする分には、さほど苦労はないのだが、自分の意思を伝えたり、交渉や説得をするには英語も仏語もおぼつかない。

例えば、シャルル・ド・ゴール空港でチケットを見せ、「空港待ちしろ」と言われた時など、「私はこの便に乗ることを欲している。それは可能なのか言ってくれないか」と英語で聞いたら、「そんな事はわかりませんねぇ。お次の方」と明るくかわされてしまった。

かの地では、お客様は神様ではないのである。添乗員抜きの外国旅行、その時に必要なものは一にパスポート、二にお金、三は言語だと、今回つくづく思った。

海を越えて

出張で三日ばかり東京へ行った。初冬の札幌から飛行機でわずか一時間半移動した所はまだ秋だった。とはいえ、ビル街の中に一斉に紅葉する山があるわけもなく、隣家の柿の実や、うす桃色の花びらをまき散らした山茶花《さざんか》を見て、季節を知るばかりである。

去年の今頃、警察小説の第一人者である佐々木譲さんが、北海タイムス社主催の「北の文学フォーラム」で、北の文学についてこんな話をしていた。

「自分の中では、日本文学と外国文学の明確な差がない。つまり、『神田、神保町から不忍池《しのばずのいけ》まで歩いたあたりで、寺の鐘がゴーンと鳴った』という文章を読んだ時、東京に住んでいる人であれば町の印象も、距離も時間もおおよその見当はつくだろうが、北国に住む自分にとってみれば、『ニューヨークのブルックリンを抜けてセントラル・パークまで』という文を読んだ時と大差はない。頭の中で想像するという点では同じではないか」というのである。

そして譲さんの作品は、日本を描いていてもどこか外国の香りがしている。

そういえば東京で生まれ育った私も、二十年近く離れていると街の記憶はあっても歩く時には地図がいる。私が暮らしていた頃より地下鉄の路線も増え、千代田線だの半蔵門線だの言われても馴染みがない。また路線も延長されているから、地下鉄路線図は必需品である。それでも乗る時には行く先を確かめないと、同じホームなのに違う方向へ行く電車が止まることもある。だから、私も何度か失敗を繰り返してからは、しっかり確かめることにしている。

今回も揺れる車輛の中で手すりにつかまり、心細い思いでドアの上に掲げられた路線図を確認しながら、フッと今年の八月、パリへ行った時も同じことをしたな、と思い出した。

札幌にいると、飛行機で東京へ行くのもパリへ行くのも、あまり変わらないことのように思えてくる。もしかしたらそれは、どこか乾いたこの風土と、こだわりのない人々の気質から来るのかもしれない。

セクシュアル・ハラスメント

「あたしアタマに来ちゃった」。そう言って彼女は、受話器の向こうでため息をついた。東京の出版社に勤めて十九年、その間、結婚、出産、おまけに離婚まで経験して、仕事と子供を愛しつづけた彼女が、「久しぶりに腹が立った」と怒っているのである。ふだんは愚痴を言わない人なのに、大学時代を共に過ごした気安さも手伝ったのか、その経緯《いきさつ》を私に話してくれた。

彼女は中間管理職で、引き立ててくれる目上の人もいれば、彼女の意を酌《く》んで手足のように動いてくれるスタッフにも恵まれていた。ところがある時、彼女が長期出張から戻ると、スタッフの女のコが一人、二人とおかしな態度を取るようになった。彼女の目を正面から見ず伏目がちに応答したり、ある時は敵意を露《あら》わにしたりする。理由が思いあたらないので、気のせいかなと思っているうちに、とうとう一人が会社を辞めると言い出した。

表向きは転職なのだが解せない点もあるので、食事に誘い、酔わせてみたら「情ない」と泣き出してしまったというのだ。わけを聞くと、同じ会社の三つばかり年上の男性社員が、出張中に女のコたちを連れ出して酒を飲み、彼女への罵詈《ばり》雑言を並べ、仕舞いには彼女と上司はデキているとまくしたてたらしい。信用したわけではないが嫌な感じがしたそうで、以来、社内で二人を見かけると色メガネで見てしまう。そんなことまでして同世代の女の足をひっぱる男は許せない、と言われて、彼女はようやくコトの次第を理解した。

でも手の打ちようがない。彼女は妖艶なるタイプだし、気が合うその上司とよく飲みに出るのも確かだが、肉体《からだ》の関係はない。ただ、一人ひとりに言い訳するのも変だから、結局醜聞《スキャンダル》は無視するしかない、のである。

ススキノの忘年会で、女のコがお尻を触られて「キャア、セクハラ！」と嬌声《きょうせい》をあげたりしているが、仕事で頭角を現した女を男の噂で蹴落とそうという行為こそ、立派な「セクシュアル・ハラスメント」なのである。

涙のドラマ

映画の中のワンシーンに、自分自身の姿を重ねることがある。「ブロードキャスト・ニュース」はアメリカのニュース・キャスターの物語で、ヒロインの小柄な女性ディレクターは実に有能で、幸せな家庭は得られないが仕事の成功を手に入れる。

ホリー・ハンター演ずるその女性は、向こうっ気が強く、ローカル・テレビのキャスター（ウィリアム・ハート）を一線級に仕立てあげていく。冷静な判断力と炎のような行動力を持ち合わせるこの女性、一人っきりになるとよく泣いているのである。それも何の脈絡もなく突然つっ伏してワァワァ泣くのだが、人が来ると涙をふいて平然としている。

　まるで私みたいだ——。映画を観た時そう思った。もっとも私は、夜一人っきりで歩きながら声も出さずに涙を流すだけである。都会の雑踏は荒野と同じで、誰ひとり見とがめる者もいない。

　その日もホロ酔い気分のススキノで、不覚にもひとすじ涙がこぼれたら、思いがあふれてとまらなくなってしまった。すると男の子が一人、隣に走り寄ってきて話しかけるのである。

「どうしたんスか？　俺、稚内から出てきたんス。あなたの話も聞かせて下さい」

　四十一歳になったというのに、このごろ時々ナンパされる。一緒に近くのなじみの店の引き戸を開けると、中に女友達三人がたむろしていた。それもけっこうな猛者たちだったから、件の男の子は入り口の前につっ立ったまま、おじけづいてしまった。それでも「中へ入んなさい」と促すと、オズオズと入って小上りの端に正座した。

　水割りをあげて聞けば、十九歳の短大生で、お金をためて初めて札幌へ出てきたそうだ。女四人で、「悪い人につかまるんじゃないわよ」「カプセルホテルに泊まんなさい」と口々に声をかけてボーヤと別れると、女友達が私にこう言って、この日のドラマは幕を閉じた。

「あんたね、どうせひっかけるんなら、もっとカッコいい子にしなよ」

二十代のころ

二十代のころの私は問題意識のかたまりで、いつも「放送従事者たるもの使命を全うし……」と肩ひじ張って考えていたと思う。

例えばフリー・アナウンサーとして、某TV局の奥様向けワイド番組に出演していた時のことである。浮気の調査を取り上げようと帝国興信所（現・帝国データバンク）に電話をしたら「私どもは企業の調査をしておりまして、個人的な調査はしておりません」と優しく諭《さと》され、相棒が探した××秘密探偵社を訪ねたら、応対した男性はパンチ・パーマに黒メガネ、やっちゃん風の人で、事務所もどこかいかがわしい雰囲気を漂わせていた。帰ってくるなり、「テレビを観て、あそこに依頼しようという人もいるんだから、信用できる会社かどうか考える必要はないの?」と詰めより、ディレクター氏を困らせた。

夕食材料の宅配システムを取材するため、利用している奥様宅を訪ねた時は、「材料が新鮮か、金額が妥当か考えるべきだ」に始まり、「これは最終的には主婦の怠慢にならないか」と質問したら、そこに集まった近所の奥様たちが輪になって議論を始めてしまった。ディレクター氏も困り果てた顔で、それでも小一時間討論に加わってくれた。

あのころの私は二十七歳で二人の子持ち。近くに親類もなく、時間制の保育所に子供を預けて仕事をしていた。ちょっとした打ち合わせの時には、テレビ局に連れて行ったこともある。ミーティングの間、当時の部長が立派な応接室で遊び相手になってくれた。

同じく子連れの先輩アナウンサーもいて、彼女が天気予報を読む間、スタジオの外で技術さんが赤ん坊を抱っこしてあやしていた。のどかな時代である。

母、妻、アナウンサーの三足のわらじがボロボロになったころ、番組を降板した。

後任の局アナは、皆からかわいがられた花のような女の子だった。先週、彼女が殺された。逮捕されたのは、心の病で通院していた十八歳の少年である。葬儀に出席すると、あのころと変わらないあどけない顔の彼女が菊の花に埋もれていた。

彼女を羨んで十四年――、最近の私はずいぶん角がとれたなあと、祭壇の笑顔を見ながらふと思った。

喫うもやめるも

「禁煙なんて簡単さ、俺は十八回もやってるぜ」というジョークもあるくらい、喫煙習慣は繰り返す。でも私の禁煙はたった三回で、今は一日三十本くらい喫《す》っている。

禁煙していた時は、飛行機の席も当然のごとく禁煙席。食事中のタバコをイヤーな目で見る、過激な嫌煙家に。「中田さん、やめるのも始めるのも簡単ね」と言われるが、自分では容易に禁煙できるようにも、その都度血のにじむような努力をしているようにも思える。禁煙と失恋はどこか似ていて、苦しい辛いは一週間、あとは時の流れとともに忘れていく。時折夢の中で一本タバコをもらい、煙を喫い込みフーッと吹いたあたりで「あー、また喫っちゃった」と自責の念にかられて目がさめる。しかし、禁煙中は意志強固な努力の人だが、再開三回ともなると、意志薄弱と人格まで疑われている。

どの場合も人生の分岐ともいえる出来事に遭遇し、たまたま近くにいる人からもらいタバコをしたのが原因で、そんな奴が近くにいるから悪いと他人のせいにしている。

最近各国のタバコ事情を調べたら、アメリカではCM禁止、まわりの人にも害が及ぶため、殺人鬼扱い。ヨーロッパは緩やかかと思いきや、ロンドンでは嫌がられ、もっぱら外でふかす蛍族。でもスペインはおおらかで禁煙なんぞへのかっぱ。通りを歩きながらプカプカで、日本のフィルター付きタバコなんざ、わざわざフィルターをむしり取って喫う人までいるとか。

日本では禁煙車、禁煙席が増えてはいても、自動販売機で買い放題。会議ともなりゃ、部屋中モウモウの煙幕の中で話をしている。

かく言う私も、母親の喫煙は子供の喫煙開始年齢を早める恐れがあるなどと聞くと心穏やかではなく、また朝起きた時の口の中のイガラっぽさ、タバコが喫えない時の焦燥感、タバコの喫い殻の嫌な臭いを考えると、また思いたったらやめようと思っている。

先日、「中田サンは喫っていてもキレイだね」と言われて「あ、肌のことですか？」と聞いたら「イヤ、声のことです」と言われて恥をかいた。

喫うもやめるも風の吹くまま、元来がただのお調子ものなのである。

企業戦士たちへ

「サラリーマンは、出世してこそ華」と、この春に待望の昇進を果たした男性が嬉しそうにスピーチをした。

いわゆる団塊の世代は競争が激しく、上昇気流に乗れる人は五人に一人とも言われている。そういえば、二十一世紀に今よりも人気が出ているスポーツは？と同期の男性に聞いたら、「それはゲートボール」と答えた。「そのころ我々はジーサン、バーサン。戦後のベビーブームに生を受け、会社で足を引っ張られ、陥れられ、辛い思いをさせられて、定年を迎えたら、せめてスポーツで仕返しを」とばかりに流行するのがゲートボールだという。ちなみに彼に言わせると、ゲートボールは人の邪魔をして勝ち抜くゲームなのだそう。

大学時代の友人と酒を飲んだ。東京の商社の営業マンとして出世街道ばく進中、奥さんをガンで亡くし、近くに親類もなく二人の男の子を自分で育てようとしたが、一ヶ月で音をあげて、当面、実家の親に預けようとふるさとへ連れて帰ったという。

子供好きの彼にも、子育てと久しぶりの一人暮らしはこたえたらしく、珍しく背広にシワが寄っている。酔って雄弁になった彼が「こうなって初めて分かったが、日本の会社で仕事をするためには、食事を作り子供の世話をし、ワイシャツをクリーニングに出す存在、つまり家政婦的な役割の女性が、男性には必要不可欠だ。オマエサン一人で、三人も子供の面倒見てよくやってるナ」と言う。

私は「それってねぇ、自分が人間として半人前と告白してるようなもんなのよ」と言ってやったが、考えてみれば日本のサラリーマン社会で「男は結婚して一人前」と言われるのは、そういう意味だったのかなと考えてしまった。

アメリカ人のビルに言わせれば、日本人は多かれ少なかれ仕事中毒（ワーカ・ホリック）だ。「朝から晩まで働くだけで幸せか？」と尋ねる。「家族」と「レジャー」と「仕事」がバランスよく保たれてこそ人生なのだという。

我が愛すべき企業戦士たちよ、出世よりも大切なものも探しておいてね。二十一世紀は老人社会、その時「寂しい王様」にならないためにも。

今どきの若いコ論

大学院生の「与太郎クン」に仕事を頼み訓示をたれたら、「そういう事って今の若いコが一番苦手なコトなんですよね」と言われてしまった。業務内容はアナウンサーのサポート役で、相手が望んでいることを察して行動してやってくれ、と私は彼に頼んだのである。

若いコが「今の若いコは」と例えるなら、言った違和感はあったが、確かに「今のコ」は与えられた仕事を忠実に一人だけでこなすタイプが多い。だから、隣のコとの間に仕事の隙間ができても気づかないのだ。例えるなら、バレーボールで相手チームから飛んできたボールが二人の間に落っこちてしまうようなもので、チーム・プレーが下手なのである。

特に男のコたちの場合、良いコは多いが覇気がない。

「それは追う者と追われる者の差でしょう」と与太郎クンは分析する。

「女のコたちは、これまで男の人が社会でやってきた事を吸収したり乗り越えたり批判したり、目標があるんです。でも男のコは、家庭じゃ粗大ゴミとか濡れ落ち葉と呼ばれ、会社じゃ出世欲の塊が失脚して子会社にぶっとばされる姿を見て目標を失い、男の現実に失望するんでしょうね」

それもそうだとおもしろがっていたら、「でも女のコが元気ったって、仕事よりステキな結婚って思っているコが多いですよ。それもこれも、中田さんたちの世代が自立を叫んで戦っているのを見て、何もあそこまで苦労しなくてもと思っているからですよ」と火の粉が飛んできた。

さらに与太郎クン、追及の手を緩めず、

「そんな今の若いコたちを見て、戦後経済復興のため身を挺してきたお父さんたちはワケがわかんないってんで〝焦ったオヤジ〟なんですよ。番組でこの前、そんな題名の曲がかかってましたよね。でも本当は、おじさんたちが最後の力をふり絞って日本の進むべき方向を指し示し、若いコの教育をすべきだと思うんですけど……。ゴルフに忙しそうですしねぇ……」

与太郎クンはあと何年か大学院に籍を置き、就職する予定だとか。世の中求人難で、若いコたちは珍重されるらしい。留学でもして英語が話せるようになろうかナという与太郎氏の横顔と、あと三年で定年かとため息をつく「焦ったオヤジ」の顔を思い浮かべて、フクザツな気持ちになってしまったのである。

モンゴルへ行こう

女一人でモンゴルへ行くことになった。十日間の取材旅行である。中国の北京を経由して汽車に乗り、三十二時間でウランバートルに到着する。この都市の名を邦訳すると「赤い英雄」と言うんだそうだ。

ソ連と中国に挟まれた社会主義国家で、世界的な民主化の嵐の中、経済的な支援を求めて今、門戸を開こうとしている。ソ連のクーデター事件がかえって改革を急激に推し進める結果となったモンゴルは、何を今考えているのか、しっかり見てこよーっと思っているけれど、私って近眼だからなァ。

数ヶ月前から準備をし、インタビューしたい人の名も先方へ伝えたけれど、できるのかできないのか現地へ入ってみないと分からない。何しろ手紙を出したら、届くまで一ヶ月はかかるんだそうだ。

そんな所へたった一人で行くのである。好奇心が人一倍強いから、初めはオモシロがっていたものの、近づくにつれて心細くなってきた。おまけに上司ときたら、「キミの元気な顔を見るのもこれが最後だねェ」などと笑えない冗談を言う。

「ホラ、関釜《かんぷ》フェリーに乗った女子大生がサ、韓国で姿を消したなんて事件もあったし、私だって一応女だしサァ……」と友人に言ったら、「あ、アレ？　あれは若い娘ね」ときたもんだ。「行けというなら行ってやる」と腹をくくった。

それにしてもアメリカなら「プライム・リブ食べよう」、フランスなら「生ガキを街角で食べてやるぞ」と愉しみもあるが、かの地は深刻な食糧不足で、羊の目玉だとかネズミの姿焼きなんてのもあるそうで、聞いていると気丈な私も卒倒しそうだ。中国経由で入るので、愉しみは北京ダックくらいだが、これは北京在住の商社マンにたかる手はずを整えた。

先日、人づてに紹介してもらったモンゴル人男性に国際電話をかけた。一昔前のように声が小さくて雑音がある。初対面なので会話はさっぱり要領を得ない。ただ受話器の向こうから「今、ゴビ砂漠から帰ってきたところです」と言う声が聞こえた。そうだ、憧れのゴビが待っている。テント式住居「ゲル」に泊まり、満天の星を見るんだ。少し勇気が湧いてきた。あと二日で北京へ向かって空を飛ぶ。

モンゴルのカシミヤ男

ウランバートルのホテルで、青い光沢のある絹のモンゴル服を買おうと売店の前に立っていたら、少しこずるい顔をした男の子が「あなたは台湾人か」と英語で話かけてきた。日本人だと言うと、「カシミヤのセーターはいらないか？　普通は六十ドルだけどボクのは三十ドルだ」と言う。

現在、モンゴルには産業らしい産業がなく、強いて言えば、放牧された羊の毛を使って作るゴビ・コンビナートのカシミヤのセーターくらいだと現地の人は解説していた。

このセーターはクルーネックのシンプルなもので、どこへ行ってもほとんど色も形も、入れられた袋のはてまで同じで、違うのは値段ばかりである。くだんのあやしげなカシミヤ男を、最初は相手にしなかった。しかし、「これはあなたにとってチャンスだ」などと早口でまくしたてるのと、その男の毒気に魅かれて「見せてごらん」と言うと、「ここでは見せられない。トイレへ行こう」とナップサックを指差した。

いざとなれば、蹴飛ばせば何とかなると思ったが、怖いから「じゃあいい」と断ったら、窓際へ私を連れて行き、チャックをあけてナップサックの中を少しだけ見せた。ターコイズ・ブルーの、めったにない色だった。日本円で四千円ほどの代金を支払う間、さりげなくガードしているのは彼の友達だろうか。

外国人が宿泊するホテル・ウランバートルはチェックが厳しく、出入りする不審なモンゴル人をシャット・アウトしている。そんな所でヤミ商売をするカシミヤ男に興味を持ってマイクを向けると、彼は学費を稼ぐためにやっているという。

公用語としてほとんど使われるロシア語以外に、一ヶ月で英語を覚え、フランス語も日本語も習いたい、という。品物は盗んだのか？と私が聞くと、スティール（窃盗）という言葉が分からなかったらしく、しばらく考えていたが、意味を思い出すと真っ赤になって否定していた。

あなたがホテル・ウランバートルへ行ったなら、細長い顔で、唇がふっくらした二十一歳の青年が「セーターはいらないか？　市価の半額でいい」と声を掛けてくるかもしれない。そのロシア系の顔を見ながら「キミはモンゴル人か？」と尋ねてみるといい。

彼は目を輝かせてこう答えるだろう。「もちろんだ。この指の先まで、私はチンギス・ハンの末裔《まつえい》だ」と。

トルコ風呂にて

イスタンブールに行って本物のトルコ風呂（ハマム）に入った。男性用は正面に入り口があるが、女性用はわき道を通った横っちょにある階段を上りつめたドアが入り口だ。

季節はずれなのか、午後三時では時間が早すぎるのか、客は少なく閑散としている。入場料は六万二千トルコリラ（約千六百円）で、チップは五千トルコリラ（約百三十円）だった。支払いまでは通訳のトルコ人男性がいてくれたが、中に入ったらさっぱり分からない。

髪をひっつめにしたおばさんが、「服をぬいで、このキレを巻きつけるんだよ」みたいなことを言ったようなので素直に言われたとおりにし、最後にサンダルばきになった。やや しばらくして、二十五、六歳の女性がやって来ると、「またヤポン（日本）の観光客か。チャラチャラして」みたいなとげとげしい目付きで私を見るなり、こっちへ来い、と手招きをする。扉を押すと、そこは大理石の蒸気室だった。

後で知ったが、彼女の名前は〝ザナ〟。ここに来てまだ八ヶ月だそうだ。ドーム型の高い天井の中心に円形の窓があり、光といえばわずかにそこから入るだけ。ザナがちょっと乱暴に蛇口をひねると、水の音が浴室にひびいた。たまった湯を体にかけろと指示して、ザナは出ていった。

蒸気にあたってめまいがしはじめたころ、白いパンツ姿のおばさんが、私を中央の大理石のテーブルの上にねかせ、石鹸でしゃばしゃばと洗ってくれた。あっけないほど早く済んだ気がしたが、カラスの行水の私としては、それ以上長くいたら卒倒しそうだった。外に出ると通訳が待っていてくれて、ハマムを管理して三十年というおばあさんに話を聞くことができた。

ハマムはもうかるか?と聞いたら、「もちろんだ。だから私はこの仕事をしている」と答えた。トルコの人は自分のアピールにとても熱心である。どこか行きたい所はないか?と聞くと、「私はイスタンブールが一番好きだ」という。

ザナに、「この仕事は好きか、どこか行ってみたい所はないか?」と聞いてみたかったが、管理人のおばあさんがまくしたてて、とうとう聞けなかった。ザナもやがて白いパンツ一枚で観光客の体を洗うのだろうか。

今でもザナの陰のある表情を思い出す。そして、私は心の中で「ザナはどこか、ここよりほかの場所へ行きたくはないの?」と繰り返して聞いているのである。

ナット巻クン

新年早々、北海道神宮でひいたおみくじは「大吉」だった。私の記憶では、これを神宮でひいたのは初めてである。年末年始、仕事にふり回されていたが、元日は第二鳥居近くの瀟洒《しょうしゃ》なフランス料理店をサテライト・スタジオにしていたので、ついでとはいえお参りをしたら報われたのである。このレストランには一年に数えるほどしか行かないが、私は札幌市内で三本の指に入ると思っている。

先日、お礼がてら、同僚三人と連れ立ってその店に行き、最高のディナーを満喫した。オードブルに、アサリのゼリー寄せと赤ピーマンのムースがニッコリ笑っている。スプーンですくって口に放り込むと、ゆっくりと溶けていった。

ところが、「同僚その1」は話に熱中してワインばかり飲んでいる。フランス料理は基本的に全員が食べ終えなければ次の皿が出てこない。私は気が急《せ》く。「その1」はますます雄弁になる。黒服さんがさりげなく近づいて「アサリはお口にあいませんか?」と促したのに「イヤ、話に夢中になって」と言った後、まだ熱弁を振るっている。

私はしびれを切らし、「早く食べないと次、出て来ないよ」と小声でささやくと、「あ、失礼」と言うなり、猛然と食べ始め、次々と胃袋に詰め込んで、白菜でまいたヒラメを食べた後、パンをたいらげてパン皿とほかの皿を重ねて目の前にぽんと置いてしまった。マナーもへったくれもないのである。

以前、お寿司屋さんでおいしいものを食べるコツを聞いたら、「お寿司屋さんに好かれることだ」と誰かが言っていた。気に入った客なら、イキのイイのをわざわざ出してきてくれるそうだ。同じ質問をある板さんにしたら、「ま、席につくなり『納豆巻』と言うような客とは一緒に来ないことですね」と笑っていた。

日本には昔から「盈虚思想《えいきょ》」というのがあって、満ちたる月は欠けるばかりなのだそう。今年は大吉だったけれど、健康に気をつけて、美食しても運動を励行したい。「フランス料理店のナット巻」クンとは、今後、赤提灯にでも行こうっと。

ことば今昔

「必着」という言葉が嫌いなのである。初めてCM原稿に「応募方法はかくかくしかじか、〇月〇日必着です」と書かれていた時は、猛然と抗議してしまった。

この言葉は広告印刷から来たのだと想像している。例えば不動産広告で「3DK浴・駐可」なんてのと同じで、少ない字数で表現するには必着も便利だが、話し言葉にはふさわしくない。なのに「必着」は徐々に市民権を得て、テレビやラジオから時々ニッコリ笑った声で「×月×日ひっちゃくです」と聞こえてくる。

「花街」と書けば昔は「カガイ」と読んだそうだ。「苦界《くがい》」に音が似てやけに辛そうだ。しかしご存じのように、金田たつえさんの歌「花街《はなまち》の母」が大ヒットして、哀しい舞台裏を歌っている曲にもかかわらず、華やかなハナマチの読みが定着してしまった。今やカガイと言おうものなら、反対に「間違えましたね」と言われてしまいそうだ。

「ひとごと」というのはもともと「人事」と書いて、他人のことを意味していた。それ故なのか「他人事」と書かれるようになり、今では「たにんごと」とあちらこちらで言っている。

先日、CMで「ギョータイテンカン」という言葉を聞き、びっくりギョーテンした。これまで通り、リニューアル・オープンとか店内改装在庫一掃セールと言ってしまうと固定化してしまうイメージが、「ギョータイ……」と言うと仰々しくて何やらすごいことが起こりそうな気がする。

この言葉が一般に定着する可能性は薄いと思っているせいか、妙に許せるのである。広辞苑で調べると、「業態」は「営業や企業の状態」と立派に認められた言葉だった。

「言葉」などどうでもいいじゃないかと人は言う。でも一旦枠をはずすと、何もかもどうでもよくなってしまう。「時期早尚（尚早）」でも「近親（親近）感」でも「ひっちゃく」でも、分かればいいという理屈は、つまるところ、お互いに分かり得ない道につながってしまうように思う。

他のことでは新しいことばかり追い求めている私だが、こと言葉に関しては「古風」で良いと思っている。

第Ⅳ章　母として女として

六年目の離婚

小さい頃の私は、大層おとなしい子で、泣かされてばかりいたので、今でも目の下に小さな泣き黒子《ぼくろ》がある。些細な事で泣きべそをかくと、母と姉が、「ア、泣いちゃう。ホーラ泣いちゃう。アーア泣いちゃったァ」と囃《はや》すものだから余計に悲しくなって、そんな時は親の期待通りワーンと泣いていた。だからといって、いつも泣かされてばかりいた訳ではない。

私が五歳《いつつ》の頃、近所に文《ぶん》ちゃんという三つ、四つ年上の男の子が居て、その子を敵にまわし女の子が五人ばかり集まって喧嘩《けんか》をした事がある。

「おまえの母さん、デーベソ」で収まっているうちは良かったが、そのうち文ちゃんが腹を立てて此方《こっち》の方向へ向かって来た。

「みっこちゃん、家《うち》から何か持って来て、ぶつけちゃいな」という姉の声に、私はすぐさま家に入り三十センチの竹の物差しをつかみ、取って返すと文ちゃんめがけて投げつけた。ブーンと音をたてて飛んでいった物差しは、運悪く文ちゃんの額にあたり、彼は「イタイッ」と叫んで、生え際を手で押さえながら逃げて行った。

二針縫ったと聞いたのは、その夜の事である。珍しく早い時間に帰宅した父とヒソヒソ話をしてから、母が私の方へやって来た。

「一緒に謝りに行きましょうね」

母は一言も叱らなかった。こうなって一番傷ついたのは、私だと思ったらしい。

でも、玄関先で怒りをあらわにした文ちゃんの母親の前で、ぴょこんと頭を下げながら、私はあろうことか罪の重さを少しも感じていなかった。もし坊っちゃんと山嵐が、野だいこと赤シャツをポカポカ殴った後、教頭にとっつかまって二人に謝罪させられたら、あんな気分だったろうと思う。

その頃の私が夜な夜な空想したのは、少女にありがちな、お姫様の物語であった。

私は、とある城の姫君で、或る夜、賊が押し入り黒装束《くろしょうぞく》の男たちに攫《さら》われてしまう。そして後手に縛られ猿轡《さるぐつわ》を嚙まされる。想像する時、猿轡を省略する事はあっても、縛られるのだけは欠かさなかった。賊の首領は私を一瞥《いちべつ》し、風のように去って行ってしまう。

そこへ城からの追手。馬のいななきと共に、私の許嫁《いいなずけ》である若武者が私を救いに来る。そして私の縄を解《ほど》いてくれる。

「姫、よく御無事でっ！」トカナントカ言って彼は左膝をたて、右手の拳《こぶし》を床につけて頭を下げる。

ところが私ときたら、自由の身になった途端、件《くだん》の賊の首領を追いかけてしまうのだ。そう、事もあろうに私は、荒々しい魅力の敵の首領に一目で恋してしまったのである。日によって首領が「ホウ、きれいな娘だな」と言ったり、私の顎《あご》を剣の柄《つか》でクイッと持ちあげるなどバリエーションはあっても、大方、筋《すじ》は決まっていて、私が家来の手をふりほどいて首領の後を追ったあたりで、たいがいぐっすりと眠る事が出来た。

少女の頃の私は、見た目と違って随分エキセントリックな所があったのだと思う。長じて適齢期を迎えると、親に反対されたなら、手鍋下げても駆け落ちしたいと本気で願っていた。平凡を絵に描いたような家庭で育ったからこそ、非凡に憧れたのかもしれない。

ところが結婚後、夫が胸を患い、会社を辞め、それを機に私と二人で小さな会社を始めた頃から、荒れ狂う私の人生が始まったのである。

*

「奥さん。オクサンとは、まだ利子の話をしていませんでしたねぇ」

ねばっこい男の声が黒い受話器を通して伝わってきた。

Kというバーから、いきなり家に、夫宛の内容証明郵便が届き、四十四万円也の飲食代を支払わない故、借金を取り立て屋にまわすから覚悟しろ、という文面を目にしてから間もなくのことである。

それまで、夫の金銭上のトラブルは随分あった。結婚して間もなく手にした請求書は、夫が独身時代に購入した照明器具の分割払い、最後の二回分未納になっているというものだった。当時、夫の借金は妻の借金と思っていたから、山内一豊の妻よろしく、夫に黙って貯金を下ろし振り込んでいた。

ところが夫の浪費は留まる所を知らない。後で考えれば月十五万程の給料でやりくりしている我が家にいて、彼は月二十万位を交際費としてススキノに落としていたらしい。火の車どころではない。火がついて、いつも家は丸焼け同然だった。

○○商会と称する件の男は、バー「K」から取り立てを依頼された事、即金で支払って欲しいと凄みながら利子の話まで持ち出したのである。

私はすっかり怯《おび》えた。うっかりすると覚醒剤を打たれるかもしれない。その上、特殊浴場へ売り飛ばされるかもしれないと想像を逞《たくま》しくした。怖《こわ》かった。既に実家からは一千万近い金を無心している。頼る所も無くなった私は電話帳を繰り、相談できる所を探した。有り難いことに道警の困り事相談室という所があった。ダイヤルを廻すと、重々しい声の男の人が出て、まず、こう言った。

「飲み屋の借金でも、借金に違いありませんから奥さんには支払う義務があります」

「マァ、そうでしょうねェ」

「でも、もし相手が奥サンの腕をへし折るとか……」

「エッ？　そんな事、するんですか？」

「ええします。でなければ、家に火をつけるとか……」

「エエッ？　そんな事までするんですか？」

「ええ、ありますよ。マァ奥さん、とり乱さないで落ち着いて下さい。そうなった時、はじめて警察は介入できます」

電話して、もっと私の頭は混乱した。その後の親切な言葉も、もはや耳には入らなかった。私は折られた時の腕の痛みを思って、震《ふる》え上がってしまったのである。

その頃、夫は長い間、家へ帰って来なくなっていた。二晩ぐらい、何の連絡もなく家へ帰らない事はよくあったが、仕事で徹夜という彼の言葉をそのまま信じていた。ところが三人目の子供が二歳の師走、夫は、いつも通り家を出たきり、もう家へは帰らなかった。出先からと称して、毎日電話は来る。「仕事が忙しい」「着がえを持って来て欲しい」「子供たちは元気か？」等々。

一人ほっちの夜を過ごし、一人ほっちの新年を迎え、雪まつりにも、一人ほっちで三人の子供の手を引いた。そのうち夫からの連絡が、ぱったり途絶えた。そんな折に来た借金の催促である。

私は意を決して、取り立て屋の事務所を訪ねる事にした。髪を洗い、身仕度《みじたく》を整えると、涙が出た。覚醒剤と強姦《ごうかん》ぐらいは、されても仕方がないと覚悟を決めた。ただ、腕を折られるのだけは痛そうなのでイヤだった。

男の事務所は、うす汚れたビルの四階にあり、ベルを鳴らすと角刈りの男が顔を出した。用件を伝え男の名を言うと、男が出てきた。彼の顔は全く覚えていない。それだけ薄暗く、また彼自身できるだけ顔を見せないようにしていたのである。

とりあえず十万円を用意した事、ひと月十万円ずつ支払うと伝えると、男は黙って金を受取り、私をそのまま返した。私は、すっかり拍子抜けしてしまった。覚醒剤はオロカ、強姦すらなかった。そして、三ヶ月後、男に四十万円を支払った時、行方知れずだった夫の消息がわかった。夫は、私以外の全ての人が主張した通り、女と同棲していたのである。

＊

夫の浮気発覚に至るまでの経過は、次のような具合である。

まず、末娘が鎖骨を折った。五月の、緑が萌える爽やかな昼下がりの事である。六歳の長男が家へ駆け込んできた。妹が転んで泣いているというのである。家の前は、坂もある広い公園だった。目が醒《さめ》るような緑色の野草に足をとられた娘は転び、細い骨を石にぶつけた。手が挙がらない。ただ「ヒーイ」と、か弱い声で泣くばかりである。医者に行きレントゲンを撮ると、まるで線香がポキンと折れたように、小さな娘の肩の骨は繋《つな》がりを断たれていた。

そこで初めて、私は夫の仕事先の会社に電話を入れ、娘が骨折した事、夫の姿を見かけたら家に連絡を入れるようにと、それだけを告げた。ところが、その日のうちに噂は広まり、騒ぎは大きくなっていった。何故なら、夫の不倫相手の女性は、その会社に勤めていたからである。

私が、三人の子供を抱えたまま離婚する決心をしたのは、それから間もなくの事である。ただ、離婚すると言っても、決心しただけではまだ、その道のりの半分にも達していないと、私は思う。

夫は、アナウンサーとしての私を育ててくれた恩人である。今日《こんにち》の私の基礎を築いてくれた人でもあり、私にとっては師であり夫であった。

思えば、私は二十四歳の時に周囲の反対を押し切って結婚し、夫と暮らした八年の間、夫以外の男に心魅かれた事は一度も無く、夫だけを見つめて生きてきた。しかし、別れる決心をしてから、もう六年の月日が流れている。

このごろ、結婚の事、離婚の事を、ようやく冷静に考えられるようになってきた。

ただただ空想好きな少女だった五歳の頃。非凡に生きたいと願った二十歳の頃。そして、本当にそうなった時、自分の血の最後の一滴を流し尽《つ》くしても、子供たちは育ててやると誓った三十二歳の頃。

そして、三十八歳の誕生日を迎えた今日、永い間、別れる事ができなかった夫との離婚が、ようやく成立したのである。

娘に顔を忘れられたママ

アルバムをめくると長女が泣いている一枚の写真がある。カメラを構えた母に顔を背け大きな口をあけ泣き叫んでいる。

その頃住んでいたのは木造モルタル四階建ての、マンションとは名ばかりの2LDKの一室だった。バスとトイレがやけにダダっ広いタイル張りの部屋に、そろって一つに収まり、冬になると、漆喰《しっくい》の壁にカビの華が咲いた。居間には、夫所有の六千枚のLPレコードが所狭しと置かれていて、その前にあるオレンジ色のクッションに座って、当時一歳半の娘は涙をこぼしているのである。

あの時、娘は誘拐された女の子のように辛そうな顔をしていた。

もともと私は身体《からだ》が丈夫で、ツワリなんてものもなく、俗に言う寝ヅワリ、食いヅワリで、元気な赤ちゃんを産むために、ただひたすら眠って食べてを繰り返し、出産までに体重は十七キロ増えた。肝っ玉母さんは、しかも大変なバイタリティーの塊だったから、長女出産の時には前日まで車を運転し「陣痛がきたら、自分で運転して病院に行くから平気よ！」などと言って顰蹙《ひんしゅく》を買ったりしていた。

ところが二番目の子を産む段になってハタと困ってしまった。私が入院する時、長女を誰に預けたらいいのだろう。夫は家事育児を一切しなかったし、夫の母は地方で理容院を開いていた。私の実家は東京で、母は家族の世話がある。どちらも私が出産したら札幌に来てくれる事になってはいたが、出もの腫れもの所嫌わずで、いったい何時《いつ》陣痛が来るかわからない。あの頃、公私ともにお世話になっていた作曲家の彩木雅夫氏の奥様、照子サンが「予定日になったら、家に来たら?」と言って下さったが、どうも迷惑をかけるようで気がひけた。モタモタしているうちに予定日が過ぎてしまった。

見るに見かねて照子サンが、

「とにかく子供の着がえを持って、家の二階で寝泊まりしなさい」

と言って下さったので、衣装箱に荷物を押し込み夫と三人で居候《いそうろう》をきめこむことにした。ところが、世の中うまくできているもので、彩木氏のお宅に着いてまもなく定期的な陣痛が来た。「イタタ……」と背中をさすりながら靴をはき玄関を出る私を、照子サン「ああ、私も昔を想い出しちゃうわ」と言って見送って下さった。

そして一週間後、私が、産まれたばかりの長男を抱いて自宅に戻った時、長女は私の顔をすっかり忘れていたのである。

小さな子供にとって一週間とは、そんなに長いものなのだろうか。照子サンちに居候していた間、娘は下にも置かぬ手厚い扱いを受け、照子サンを「ママ、ママ」と呼んで慕い、自分より一つ上の、照子サンの長女を押しのけてだっこしてもらい、食費節約型の我が家では見たこともないごちそうを食べさせてもらったそうだ。カビ臭い我が家に戻った時は、いきなり物置に放り込まれたシンデレラさながらに哀しそうな顔をしていた。

あれから何年たつのだろう。写真を見ながら「玉の輿に乗ったら、母を忘れるタイプよね」と私が言うと、「そんな事ナイヨ。ママが年取ったら、ちゃんと面倒見るからねっ！」と、今や背丈では私を追い越した娘が答える。

夫と別れて九年、長女はこの春、高校に入学した。

パイプベッドの上の宝物たち

何て薄情な母親だろうと思うことがある。子供たちは気づいていないようだが、自分で自分自身を思いやりの欠けた親だと思うのである。例えば、引越しを機会に私は黒いシングルベッドを買い、シーツも掛け布団カバーもグレーのレノマで揃えた。子供たちはと言えば「＠￥１９８００のパイプベッド×３」である。掛け布団に至っては前からの使いまわしで、真綿でどっしりとしていて、掛けるというより押し潰されそうになるほど重たくて、試しに私が寝てみたら、手足がちょっとだるくなった。ポリエステル一〇〇パーセントの軽いのを買ってあげるねと言ってから、もう二年たった。

夢も見るのである。子供を置き去りにして帰ってしまった夢である。

私は基本的に、仕事場へ子供を連れて行かない主義だったけれど、預ける先が見つからず致し方なく……ということが何度かあった。小一時間の打ち合わせを終えて、近くの公園で遊んでいるはずの子供を迎えに行くと、末娘が泣きながら、血マメができた親指を見せた。長男が持ちあげた石の下敷きになったそうだ。

こんなこともあった。某ホテルの人に、「ちょっと顔出してくれる?」と言われて子連れで行ったら、急に会議だと言われて慌てたことがある。ホテルの女性に事情を話して少しの間、子守りを頼んだ。会議を終えて外へ出てみて驚いた。娘と息子は、一流ホテルの階段の踊り場から、下の噴水めがけて靴のなげっこをして遊んでいた。子供たちの濡れた髪と笑顔が光っていた。

仕事場で、子供のことを片時も忘れたことがなかったかと問われれば、すっかり忘れないと仕事ナンザできなかった、と答えるしかない。それが妙な罪悪感になって夢に出るのだろう。夢の中の私は電車に乗ってどこかに帰るところで、車窓から公園を見ると我が子が砂場で遊んでいる。「あっ置いてきちゃった」と気づくのであった。

夢のカメラが、無心に遊ぶ子どもの顔をゆっくりとパンしていく。

子供と山道を歩いていて突然クマと出くわしたら、どんな姿勢をするかという質問に対し、日本人の母親はクマに背をむけ、子供を抱きしめ、欧米人の母親は、両手を広げてクマの前に立ちはだかると答えるのだそうだ。これは子を自分の付属物として考えるか、一個の個体として認めるかという例としてあげられていたが、私自身はやはり、子をたった一人で山中に放り出すよりも、自分の腕の中に抱いて果てたいと思ってしまう。

もしも実際にクマに襲われたら、子供を後方につきとばし棒キレを握ってクマと対峙しなけりゃならないのだろうが、そんな怖い目に会いたくないから、クマの出そうな所は歩かないことにしている。

結局、ヘソの尾が切れていないのは、母親の方なのかもしれない。仕事に全力投球して、仲間たちとビールをグイッと飲み、日本酒あたりをひっかけて心地良く帰宅した夜など、私は、あり余る愛情を家中にふりまき、大声で「ママの大切な宝物たち。盗まれて惜しいものはほかに何もないけど、大事な大事な宝物」と騒ぎまくり、突然起こされた子供たちは、眠そうな目をこすりながら「またか」という顔つきで、〝@￥１９８００〟のパイプベッドの上にすわって、迷惑そうに私を見ている。

現代っ子の健全成長

女学生の頃の私は、赤ちゃんがどこから生まれて来るのかに興味を持った事がなかった。それだけ学業に没頭していたし、自分の心と生き方をずっと見つめていたんだと思う。両親は決して有害図書を家に持ちこまなかったから、無菌培養のオクテな子だったのだろう。

小さい頃、東京から箱根に向けて走る列車が誕生し、随分話題になった。駅でポスターと写真を見つけた私は、「ねえ、お母ちゃま。みっこ、あれに乗りたい」と大きい声でその名を言うと、母は少しうろたえて私の耳元に口を寄せ、「あのね、あれはあんまり良い言葉じゃないのよ。小さな声で言ってね」とささやいた。その列車の名前は、「ロマンスカー」。戦後の復興期から少し世の中が明るくなった、昭和三十年代の事である。

男と女が肩を並べて歩くだけで「非国民」となじられた戦争中に青春時代を送った母にしてみれば、「恋愛《ロマンス》」と娘が大声で口にするのは、顔から火が出そうになるぐらい恥ずべきことだったのだろう。

私が女体《にょたい》に関心を持ったのは、大学生になってからのことである。その頃に出版されたバートン版の『千夜一夜物語《アラビアン・ナイト》』を読んでいるうちにふと、何故、世の中に男と女がいて生命が誕生するのだろうと疑問を持ったのである。余談ではあるが、シェヘラザードが夜伽《よとぎ》のあいまに王に語る物語には、キワドイ話がいっぱいある。そして、自分の体の中で赤ん坊が出てこられそうな箇所を想像しながら一つの結論を出し、私は満足した。「そうだ、赤ちゃんはへそから出てくるんだ――」。美知子さん二十一歳の時である。

私自身の人生をふり返ると、何も知らなかった事が、決して良いわけではないと思っている。だから、子供たちに対してはできる限り勇気をふるいおこし、オープンでいようと心がけ、それまでの私なら口にできない言葉も、努めて平然と言うようにした。けれど子供たちは、オクテな母さんの常に半歩先を行く。息子が五歳の時もこんな会話をした。

母「おしっこしたらオチンチンふりなさい」

息子「やだな、ママって古いな。今は『ぺーにす』って言うんだよ」

最近、我が家ではハムスターを二匹飼い始めた。ペットショップでオス二匹と言って買ったのに、成長するにつれて、体つきが変わってきた。どうやら片方は、メスのようなのである。カゴの中で追いかけっこをして戯れている二匹を見ながら、「ウーン、まずいな」と私。「ウーン、もしかしたら、もしかするよね」と子供たち。そのうちに茶色い方がモコモコした方によじのぼっては、落っこちるのを繰り返している。「ウーン、やっぱりまずいな」と私が唸っていると、十二歳の末娘が嬉々として叫び出した。

「ねえママ、これって交尾だ」

大発見に感動した娘が「交尾だ！」を七回ぐらい繰り返した。三十年前、私が駅で「ロマンスカー」と叫んだ時、私の母はこんな気分だったのかと、ふと思った。

いなくなった子供たち

オス二匹だと思って飼い始めたハムスターが、実は夫婦になっていたと分かったのは、ひと月ほど前のことである。

ある日、籠の中のボロキレで作った巣の中に三匹の仔を発見して、「ママ、大変な事になっちゃった」と高一の娘が会社に電話してきた。まさにネズミ算そのもので、親が子を産み、子が孫を生み、近親相姦の果てに一年後には三万匹とモノの本に書いてあったことを思い出し、まだローンもたっぷり残っている私のマンションが、部屋中ハムスターだらけになってしまうと恐怖に戦《おのの》いた。

ペットショップに「オスって言われたのに一匹はメスでしたよ」と文句を言ったら、子供をひき取ってくれるばかりか、お金までくれるという。今いる二匹をそのまま返すことも可能だと言う。我家をハムスターに占領される心配がなくなったと思ったら、拍子抜けして、二匹のハムスター「ハック」と「モコモコ」が急にいとしくなった。

そもそも動物を飼うきっかけとなったのは、行きつけの寿司屋のおやじさんの言葉である。「飼っていた生き物が死んだ時、子供は愛するものをなくす悲しみを知るんだよね。その時、子供は生命《いのち》と向きあうんだよね」と彼が言った言葉に感動して、「臭《くさ》い、汚ない、面倒くさい」の三拍子だと思っていたペットを買ったのである。

しかもハムスターの赤ちゃんときたら、ほんのりピンク色で体長二センチぐらい、愛らしいのである。このまま三万匹になる前にオスとメスを別々のカゴで飼おうと心に決めた。私が目を細めて見ていると、母のモコモコが興奮して走り回り、しまいに赤ん坊をドスドス踏んづけている。それを見て長女がつぶやく。

「こいつ、母親としての自覚があるのかしら」

そう言って横目でチラッと私を見た。

ところで三匹の赤子はどうしたかというと、一匹はひからびて死んだ。二匹目はいつの間にかいなくなった。モコモコの体を見たら乳首が無い。こりゃ大変と三匹目をカゴから取り出し、私の手の中で温めたミルクを脱脂綿に浸して近づけると、裂け目のような口を開いて一心不乱に飲んでいる。何だかホッとして巣に戻した途端、父のハックが、子供を両手で抱いたかと思うと、いきなり口の頰袋《ほおぶくろ》に押し込んでしまった。翌日、巣の中をそっと覗くと、元の夫婦二匹だけになっていた。赤ちゃんは食べられてしまったのである。

最近うちの子供たちは、母親に冷たい。キャンプに行こうと誘っても、友達と約束があるとか、昔は平気だったくせに虫がいるからイヤなどと言って、さっさとシャワーを浴びて出かけてしまう。あまりの淋しさに、私がモコモコとじゃれて遊んでいると、末娘が、

「あ、ママ、子供に見捨てられてペットに走ったの？」

とおどけて言う。

「あんまり相手にしてくれないからペットに狂っちゃうぞ」

とからかうと、

「じゃあ私はグレちゃうよ」

と返してくる。我が家では、親も子も、子離れも親離れも、まだ半ばなのである。

合格したら連れてってあげる

馬のハナ先にニンジン式の子育ては好きじゃないが、私は受験戦争の努力の報酬に、長女と香港旅行の約束をした。去年の十二月の事である。以来娘は、自分の部屋に、大好きなTM NETWORK《ネットワーク》のポスターにまじって「香港だ！」と大書した紙をはり、志望高校めざして頑張りはじめた。

何故こんな約束をしたのかと言うと、私自身は近々ロンドン行きを決心していて、「ママだけズルイ！」と言われないためには、「あなただって香港よ」と煙にまく必要があったからである。

しかし、考えてみたら一年に二回の海外旅行では家計にひびく。しかも、もし受験に失敗して娘が失意のどん底に陥った時、「あーら残念だったわね、香港。じゃ、代わりに定山渓でどう？　悪いけどママはロンドンね」では、思春期の娘がグレかねない。

そこで、ごほうびはロンドン旅行、落ちたら香港へ残念旅行と、私は心の中で方針を変えた。だから合格発表の日、嬉しさに頬を紅潮させる娘の耳元で「ロンドン」と言った時の顔を私は忘れない。彼女は本棚にイギリスのガイドブックを買い揃え、パスポートの手続きを自分で行い、そして、とうとう約束の日は来た。

八月四日、ロンドンのヒースロー空港は摂氏三十五度。札幌より十度近く緯度が高いとは思えないくらい、むし暑い。しかも日本で予約した中級ホテルはエアコンがない。夏のカンカン照りの中でも、スケジュールはギッシリつめた。ウェストミンスター寺院から大時計ビッグベン、テムズ川のほとりで硬い桃を買い、かじりながらトラファルガー広場へ。近くの店でギネスを購入、暑さとアルコールでクラッとした頃、バッキンガム宮殿につき、衛兵交代式を見る。地図を見ながら道を間違え、午前中の四時間は歩きっぱなしだった。

午後から、まずホテルを探して移動。金額は安いのにフロントの応対は親切で、しかもエアコンがきいている。「ホーラね」と娘に目くばせして部屋に入ると、むせ返る空気。エアコンのスイッチを入れればすぐに涼しくなるワイと思って、ボーイに「It's very hot today（暑いですね）」と言ったら「Yes mam（イエスマム）」と言うなり扇風機を持って来た。

こんな具合で、私は旅行に出たら、子供の体力を考えるなんて事をしないので、帰国した時、友達にヨーロッパ旅行の感想をきかれて、娘は開口一番、「疲れた」と言った。

私たちが十代の頃、自分が海外旅行できるなんて思いもしなかった。だから私自身が日本のイミグレーションを通り、出国したのは三十九歳の時である。以後、病みつきになった。暇と金さえあれば何度でも行きたい。子供たちに早いうちから外国を見せてあげたいというのは、国際的な視野を身につけさせたいという高邁《こうまい》な親心からである。だから、長女に続き長男も次女も連れて行ってあげると、我が家のパーティーで語ると、男友達の一人が、「でもサ、母親は毎回ついてくって事だろ。それって本当は、ここの家の『母の遊びに子供がつきあう』っていう典型的なパターンじゃないの」とスルドク真実をつく。

そうと知ってか、再来年、高校に入る息子は、「金額が同じぐらいだから、母と一緒の海外旅行よりパソコンが欲しい」と言い出した。

のぞけった、うまずめのあやまち

思い込みとは怖いもので、私は結構な大人になるまで「のけぞる」という言葉を「のぞける」だと思っていた。

「浪人の足がフワーッと動いたかと思うと白刃《しらは》が閃《ひらめ》き、龍のような男の体が血しぶきをあげて、のぞけった」と読んでいた訳で、今考えると、出歯亀《でばがめ》が女湯を覗いて人に見つかり、踏み台を蹴とばして逃げたみたいな表現なのだが、間違いを知った時は、我ながらショックだった。

こんな誤りもしていた。私と姉は年子《としご》で、小さい頃から喧嘩をよくした。口から先に生まれたような姉に比べて、私はどちらかと言うと言葉がスンナリと出ない子で、言い負かされて、悔し泣きをすることも度々だった。

ある日、「ばか」だの「でべそ」だのとののしられた果てに、私は姉に向かって「石《うま》女《ずめ》」と叫んでやった。驚いたのは私の母で「どういう意味か知っているの？」と簞笥《たんす》の陰につれて行き、私に説明してくれた。当時の私は小学生、「子無きは去れ」と言われた時代に子を宿すことのない女を「産まず女」と言い、「石女」の字をあてただなんてことは露も知らなかった。「石女」はウマのひづめのことで、喧嘩に「豚」という嘲《あざけ》りの言葉があるならば、「馬爪《うまづめ》」だって充分その資格を持っていると思ったのである。

それにしても、小学生の私が何故「石女」なんて言葉を知っていたんだろう。多分、小説の中に御丁寧にふり仮名つきで出てきた言葉を、そのまんま拝借したのだろう。

最近の子供は本を読まない。少年ジャンプ、赤川次郎、ゲームブック、コミックには御熱心なのだが、『三四郎』『十五少年漂流記』『ふたりのロッテ』なんて言ってもポカンと口をあけるばかりで、シャーロック・ホームズだって三毛猫ホームズには負けてしまう。

何年前になるだろうか。私が家に帰るとベッドの上に置き手紙があった。そこには「ママごめんなさい。私はとり返しのつかない過ちを犯してしまいました」とあった。ドキッとして読み進むと、娘は炊事遠足へ行き、中華片手鍋を置き忘れて来たと言うのである。私としては万引き補導か、はたまた不純異性交遊かと思ったので、大仰な言葉づかいに苦笑した。なくした鍋は滝野すずらん公園に電話すると、きちんと保管されていた。

それにしても「とり返しのつかない過ち」には参りましたね。あれは多分、小学生の私がわけもわからず「石女」と言ったように、最近とみにキワドイ漫画のセリフから、娘が取ったものだろうと思っている。

ところで最近、このエッセイを娘の友人が読むようになり、娘本人から抗議がきた。今回も、炊事遠足は小学校か中学校かと聞いただけで書く内容を悟られ、「やだ」とゴネられた。仕方なしに、朝、出がけに「出演料を払う」と交渉したら、「それならいい」と明るい顔をした。何が欲しいかと聞いたら、「ウォークマンの乾電池二コ」と控えめに答える娘に、私はホクホク顔で千円札を一枚渡した。そのお金で彼女はまた、大好きなTM NETWORKのCDか、赤川次郎を買うのだろう。

元気印ママのひそかな負い目

「何だか子どもに負い目を感じている母親のようだなあ」

この連載を読んで、元新聞記者で人生の先輩が、私を評してこう言った。そうかもしれない。私自身は意識したことはないが、きっとどこか子どもたちに詫びているところがあるに違いない。それは、私が育った家と今の自分の家庭の有り様が、違い過ぎることによるのだと思っている。

私の母は専業主婦で、夫の帰りを待ち、子育てをするのが妻の務めと思っていたから、私が学校から帰ると必ず母がいた。風邪をひけば、私はただ布団の中で紅い顔をしてウンウン唸り「お母ちゃま、バナナが食べたい」と甘え、あとはお医者さまの往診を待つばかりであった。そこへ行くと我が家の子供たちは、具合が悪いと訴えると、まず体温計を渡され、熱がないのがわかると「あーら登校拒否じゃないの？」とイヤ味のひとつも言われ、「ちがうわい」とカラ元気を出して学校へ行き、一時間目の授業中に吐き気を催し、保健室では水銀柱が三十八度を超え、同級生の心配そうな顔に送られて家に戻ると、母は仕事に出てガランとした家の中、ひとりベッドにもぐりこみTVを見て恢復を待つのである。

これを「す、すまないっ」と心の中で言わずにおられようか。

私の母は、戦争中に青春時代を過ごし、一番美しい盛りに国防色の服しか着られなかったそうだ。なればこそ娘には着る楽しみを与えてやりたいと、小学校に入学した頃から、私の服はオーダー・メイドだった。しかも、年子の姉のお下がりを着せられたことは一度もなかった。ひがんだらかわいそう……というのが母の言い分である。

翻《ひるがえ》って我が家を考えると、私は子供の服はあまり買わない。東京出張の折、空いた時間に渋谷のセーラーズをのぞき、高いトレーナーを買い、娘の喜ぶ顔を見てから「ママにも貸してね」とさりげなく一言そえる。そもそも自分に似あうものを選ぶから、着た回数は、娘と私、同じぐらいである。これを心の中で、ひとり懺悔《ざんげ》せずにおられましょうか。

幼い頃、中田家の習慣では一番おいしい物は子供のものだった。「お母さんはいいの。あなたたちの喜ぶ顔が見たいから」と、口癖のように母は言っていた。今、我が家では、おいしいものは私が食べる。実を言うと、小さい頃から、おいしいものは私のものと思い込んだ習性が、母になっても直らないのだと反省している。

思えば、目に入れても痛くない程に私を育ててくれた父母が、私にさせてくれなかったことが二つある。一つは小さい頃に髪を伸ばすこと、もう一つは金銭的に苦労すること。だから、手鍋下げての駆け落ちに憧れていた若い頃を思うと、決して子供に金の心配をさせないことが良いと私は思っていない。だから子供には、この二つをちゃんと与えた。

しかし髪については、生まれた時から切らせなかった長い髪の長女が、五歳の時、浴室でシャンプーをつけてもてあまし、自分の手に負えなくなって、あぶくだらけの顔で「もう切っていい？」と懇願され切って以来、いまだにショートカットである。そして苦労については「キミたちね、若い頃の苦労は買ってでもしなさいって言ってね、貴重なんだからね」と、何だかワケのわからない論理を押しつける元気印の母なのであった。

自転車、盗まないでよね

「お前の自転車に誰か乗ってったぞ！」

窓ごしに息子の友達が声をかけたのが、離れた部屋にいる私にも、やけにはっきりと聞こえた。歩道の街路樹に頑丈なチェーンで縛っておいたはずの自転車は、息子が友人から借りていたもので、あっちこっちデコボコになって年季が入っている。ちょっと太めの体型の息子は、ゴムまりがはねるような勢いで靴をつかむと窓から飛び出して行った。

私は車の鍵をひっつかんで玄関を力まかせに開け、マンションの廊下を全力疾走し、駐車場の車にとび乗って夕暮の通りに走り出た。

そういえば、自転車を盗まれてくやしい思いをしたのはこれで三度目である。これまでまとまったお金が手に入った時、子供たちに自転車を買ってきた。最初にとられたのは、「日曜八時は女時刻《どき》」という番組の最終月のギャランティーを使って購入したものだった。

しかし金だけ支払って、保険会社へ連絡用の往復ハガキを息子に出すよう伝えておいたところ、グズグズしているうちに、わずかひと月で盗まれてしまった。カギはかけていなかったという。件《くだん》の番組は私のアナウンサー人生の中でも結構好きな仕事だったから、相当息子に文句を言った。せめてハガキを出していたら六割程度で同じ自転車が買えたのにと、しばらくぷんぷんしていた。

二台目は今年の六月頃に買った、ママチャリではトップクラスのアップハンドルで、それもシルバーとブルーのグラデーションがとてもきれいな自転車だった。資金はボーナスから捻出《ねんしゅつ》したのである。買ったその日に、しっかりものの長女は往復ハガキに必要事項を記入してポストに入れてきた。さすがに息子の苦い経験は生かされていると思っていたら、何と次の日、「返信」にスタンプが押されて戻ってきてしまった。イヤな予感がする。

翌日、郵便局にわざわざ持って行って事情を話すと、おじさんが忙しそうに応対し、私のハガキを横に置いて「あとで出しておきます」と言ったきり。結局、保険証書は送り返されてこなかった。

ますます不吉な予感がすると思っていると、この自転車は四ヶ月ほどしてから、二本のチェーンをつけていたにもかかわらず幌平橋駅の自転車置場から消えてしまった。近くの草むらに銀色の鎖が切られて空しく転がっていた。すぐに警察に届け出て、保険の手続きの確認をするため郵便局に電話をすると、たまたま局長が出てていねいに調べてくれた結果、幸い登録は済んでいることがわかった。それにしても、新品の自転車が二台も盗まれ、私たち家族は頭に来た。——そんな矢先の盗難事件だったのである。

今回も自転車は出て来ないだろうと私はがっかりしながら車を運転していると、向こうから息子が自転車に乗ってゆうゆうと走ってくる。近くのセブン - イレブンに止めてあったと言うのである。そのままとって返し、犯人をつかまえようと息子と三十分程ねばったが、とうとう発見できなかった。犯行を目撃した息子の友人が記憶する風体の男は、どうも店内のトイレで着替え、平然と出て行ったようである。

「今回の教訓はね」と末娘が言う。

「ボロい自転車なら盗まれないと思っていたけど、どんな自転車でも盗まれる可能性があるってことだよね」

自転車、盗まないでよね。街なかで見かける自転車、軒下で雪をかぶっている自転車、みんな自分の自転車に見えるのだ。

初めて社会を覗いた息子

まだ中学二年、十四歳だというのに、長男が新聞配達を始めた。この夏もキャンプに行く途中、車の中で朝刊配達のアルバイトをしたいと言い出したことがある。その時は、毎朝八時までぐっすり眠って、ギリギリに登校している子が早起きなんてできないとか、寝坊したら新聞を待っている札幌市民に迷惑がかかるとか、長女と次女も口を揃えてクドクド並べたてたら、車の後部座席で息子はとうとうカンシャクを起こし、「じゃあ、やらないよっ」とヘソを曲げた。

本音を言うと私自身は、イエスかノーか判断に迷っていたのだが、ここに至って方針を決定し、息子を怒鳴りつけた。

「反対されたからってすぐにひっこめる程度の事なら、はじめから言うんじゃないのっ」

しかし、考えてみたら、これじゃ負けず嫌いでC《シー》調という息子の性格を助長したようなものである。今回は、さっさと学校への提出書類も揃え、新聞店とも交渉を済ませ、私の仕事が忙しいのをいいことに、着々と実現してしまった。スーパー・ファミコンと自転車を買うのが目的だと言う。そこで私は条件をつけた。
一、朝は自分一人で起きること
二、授業中にいねむりしたり、成績が下がったりしたら辞めること
三、期限を決めること
そして雪解けの春三月までの予定で、少年は社会への第一歩を踏み出したのである。

ところで、息子から教わったことがいろいろある。彼が配達しているのは北海道新聞一三〇部、その他、日経、道新スポーツなど五十部である。これが朝日、毎日、読売あたりだと、北海道では購読者が比較して少なく、当然同じ部数を配るには地域が広くなって苦労が多いとか、最近は、オートロックのマンションが多く、一階にある郵便受けに新聞を入れればコト足りるのだそうで、息子は配達の中に、一棟五十軒以上読者のいる自分のマンションも、ちゃっかり入れていた。

また「ラッキーなのはね」と彼が言う。「例えば配達している途中でね、どこかのおじさんが『キミキミ』って呼びとめて、『ウチにも配達してくれないかね』なんて言ったとするでしょ。そしたらボク、ご褒美がもらえるんだよ」

現在、我が家は某新聞をとっているので、「例えばママが、そのおじさんの代わりにキミと呼びとめて、『ウチに配達してくれるかね』って言ったらどうなるの？」と聞いたら、それでもちゃんともらえるそうだ。そう聞いて、せっかくなのでこれを機会に道新をとる

ことにした。

そんなワケで、朝四時半に起きて七時に帰るまでの二時間半労働を一ヶ月ぐらい続けて収入はいくらかというと、これが三万円にも満たないのだそうだ。時給五〇〇円以下とは驚いたが、これまで一回寝坊した時も、五時半に出て、帰った時間は七時だった。「おこられたの？」と聞いたら「三十分で配ったら、速かったねってホメられた」とケロッとしている。要するに急げば、時給二千円クラスにはねあがるのである。

それにしても、息子はいったい何時《いつ》まで粘るのだろう。私はせいぜい三ヶ月と見ている。がまん強さとあきっぽさが同居する息子の性格は母親譲りで、そういえば私も小さい時に、六ヶ月以上続いたお稽古ごとは、確かひとつもなかった。

母である女と、女である娘

「すてきな16才」（ハッピー・バースデー・スウィート・シックスティーン）というニール・セダカの歌がある。アメリカの女の子に聞いた話だが、スウィートというのは「かわいい」というよりも「純粋《ピュア》」という語感に近く、即ち昔のアメリカの女の子は十六歳までＳＥＸをがまんしたのだと、彼女はニコニコ笑って説明する。

ちなみに州によって違うが、だいたい十六歳で車の免許証が、十八歳で選挙権と親の許可を得ずに結婚する権利が、そして二十一歳で飲酒が許されるという。お酒は二十一歳までがまんするのに、その前にSEXしてもいいという感覚は、日本人の私から見れば順序が逆に思えるが、彼等にとってみれば、SEXも単なる肉体的会話《ボディ・トーク》に過ぎないのかもしれない。そんなアメリカでは、年齢を問わず避妊薬（バース・コントロール・ピル）が手に入る。

私が大学四年の時、国文科の学生が集まり、奈良を旅する万葉《まんにょう》旅行という一種の修学旅行のようなものがあった。冬の大和路を歩いていると、石碑に「未通女」という文字を見つけ、これを「おとめ」と読むと、国文学者の故・池田彌三郎先生が解説し、何故こう書くのかと学生に問うた。男子学生の一人が「SEXを知らない処女の事だ」と答えた時、ナルホドと感心したが、正解は生理前の女の子のことだった。

乙女というと十六歳ぐらいの感じだが、昔の〝おとめ〟はもっと幼さの残った頃のことを指したのだろう。それにしても、かなり長い間、赤ちゃんはおへそから産まれると信じていた私も、その後の急成長著しく、あの頃はそれなりに理解していたようだ。

最近、高校一年の長女が、アルバイトをしたいと言い出した。キーボードを購入するために十六万円を早く貯めたいと言うのである。長男の新聞配達に影響されたのだろうが、勉学にいそしみなさいと私は却下した。

それにしても「短期間で儲かる仕事はないかなあ……」などとブツブツ言っているので、

「お金ってぇのはねっ、汗水たらしてコツコツ貯めるもんなの。てっとり早く儲けようとしているヤツに限って、売春したりするのよ」と説教していたら、耳聡《ざと》い次女が、「ママ、バイシュンてなあに？」とつっこむので、ひっこみがつかなくなって、「そりゃさあ、春を売るのよ」と言ってから、友達の娘の名が春《はる》だったことに気づきながらも訂正はせず、「つまりさあ、男の人にしなだれかかってね……」と口ごもっていたら、長女が「でね、『あちきと遊ばない？』って言うんだよね」と、TVドラマ「放浪雲《はぐれぐも》」に出てくる言葉を借りて割って入ってくれた。

実家の母は私にとっていつも「母」で、父の妻でも、女でもなかった。性にまつわる話など口にしたこともない。でも私は、娘たちとどんな関係をつくろうかな。

自分の体で生を受け、自分の身を二つに分けて生み、かつては、私の手を離れて生きることさえできなかった子供たちが成長していく。背も私より高くなってきた。今頃になって気持ちも新たに私が家庭で取り組んでいることは、人間関係（ヒューマン・リレーション・シップ）の確認なのである。長女十六歳。純粋《ピュア》な年頃を過ぎた頃、娘の一番の親友になれたらなあと思っている。

我が家に足りないもの

自慢にはならないが、うちの子は三人とも骨折したことがある。

最初は長女で、末っ子がまだ赤ん坊だったから、彼女が三歳の頃だろう。日曜日、買物に行こうと私は乳母車を押していた。真ん中の子を抱いた夫が、横断歩道を渡って行ってしまった時、幼い娘は一瞬どちらについて行こうか迷ったようだ。

「お父さんと一緒に行ったら」と声をかけたら、待っていたように一人で後を追いかけて行った。ところが夫は、長い足でスタスタと先に行ってしまう。

「まって、ねえまって」と、父親を呼んで追いかけていくうちに娘が転んだ。その途端、バキーンと異様に大きな音がした。急いで駆け寄ると、娘の細い腕がヘンなところでくの字に曲がっている。私が救急車に乗ったのはあの時が初めてである。救急病院の混んだ待合室で待つこと三十分、ようやく呼ばれてレントゲン室へと連れて行かれた。

うす暗いコンクリートの部屋の中でベッドに寝かされ、そっと手の向きを整えられ、上から大きなカメラがゴゴッと音をたてて降りてくると、娘は動く方の手であふれる涙を、声を殺したままぬぐっている。私は突然、ハハになった。娘を勇気づけるのが私の使命だと思ったのである。「大丈夫よ。ホラ写真を撮るだけだから。チーズって言おうね」。

そばに居た職員が目をまんまるにして尋ねた。

「奥さん落ち着いてますねぇ。何かお仕事でもされているんですか?」

そう、こういう時の私は、営業用の明るい声を出してしまうクセがある。

次は末娘。緑萌える公園で草に足をとられて転び、不運なことにそこにあった石に肩をぶつけ鎖骨《さこつ》を折った。まだ二歳の頃である。左肩をギプスで固められ、幼い体は片方だけ鎧《よろい》をつけたようだった。

それでも娘二人は、仕事で留守がちな私がたまたま居合わせたからまだ良かった。ゾーゼツだったのは、小学校六年の時の息子である。四時に生放送を終え、スタジオから出てきた私に、一本の電話が入った。息子が交通事故に遭い、病院へ運ばれたというのだ。急いで駆けつけると、彼は腕を白い布で吊っているだけだった。

不幸中の幸いだと思ったが、息子の説明を聞いて私は激怒した。自転車に乗って信号のない交差点を走り抜けようとしたら、左折してきたタクシーがスピードを出して突っこんできた。それを避けようとした彼は、もんどり打って塀にぶつかり骨を折った。タクシーはそのまま逃げ去ったというのである。

医者にも勧められ、西署に届け出た。そして現場検証に出かけてアレ？と思った。その交差点に信号はあったのである。同行した友達の証言も聞いてみたら、事実はこうだった。少し遠出をした息子は家路を急ぎ、信号を見ず、一時停止もせずに道路を渡った。左折してきたタクシーはいったん止まったが、自転車が通り過ぎる時、エンジンをふかした。その音に驚いて彼はスピードをあげ、道路の段差にハンドルをとられてはじきとばされ、自分の体の重みで骨折したのである。

タクシーの運転手にしてみれば、暴走自転車に乗った小学生が運転を誤って、ひっくり返っただけなのだろう。交通事故でもひき逃げでもない、まぬけな体験なのである。

それにしても、どうしてうちの子供たちは骨ばかり折るのだろう。

我が家に足りないもの――「カルシウム」。

息子と私が減らしたいもの――「体重」。

でも母の愛だけは、あふれてるもんね。

それぞれの部屋とそれぞれの明日

今のマンションを購入するために、七百万円もの現金を五年前に使ってしまった。女の細腕（実際には太腕でも）で稼いだにしては、大したものだと思っている。どうしてあんなに持っていたのか、自分でも不思議なくらいだ。お金には無頓着《むとんちゃく》なのだが、当時はフリーで狂ったように仕事をし、思い出して銀行に記帳に行くと残額が百万円なんてこともよくあり、即定期に入れたもの。

思い切りよく使ってしまったあとはすっからかんで、今は月給取りをしている。

ここは4LDKで、家族四人が一部屋ずつ占拠している。気分転換も兼ねて、これまで三回の部屋替えをした。去年の暮れ、私は一番広い東南の部屋から、北側の一番狭い部屋に引越している。別に信用する訳ではないが、家相を観る人が二人揃って、当時長男がいたこの部屋に私が入れと言うのである。

曰く、「一家の主が住むと指導力を内外に発揮して一家安泰」なのだそうで、「じゃあ息子は？　将来、我が家を背負《しょ》って立つのだからいいじゃないか」と反論すると、「彼はまだその立場ではない。器にあわない所に据えてもグータラで、かえって混乱を招くだけ」なのだそうだ。その点、社会も会社も家庭も同じなのかもしれないと感心してしまった。

器ではないと追い出された息子は、二番目に狭い部屋に移った。玄関の向かいにあり、よく学ぶ部屋だそうで、彼は備えつけの十三インチＴＶで日々ファミコンを学んでいる。

その部屋の元の住人である末娘は、北東の部屋を与えられた。けっこう広い部屋で、クローゼットに大量の漫画と縫《ぬ》いぐるみを突っこんで快適に暮らしている。

「あの娘はどこででも生きて行けるから」と四柱推命をみるオバサンが言っていたとおり、通信簿の悪さも何のその、実にスクスク成長し、「アタシ専門学校へ行ってデザイナーになるんだ」と言いながら、ヤケにイロッポイのである。「モデルになりなさいよ。ステージママやってあげるから」と声をかけると、「ヤだぁ」と笑っている。

一番広い部屋は長女に明け渡した。時々、洗濯物の干し場になるのが不満そうだが、こぎれいに使っている。本の好きな子で、赤川次郎を卒業して最近はシドニィ・シェルダンに凝っている。この部屋の住人は玉の輿に乗れるそうで、その話をすると「アタシは結婚しない。小説を書いて直木賞をとるんだ」と言う。

「賞をとったらサ、ママがテレビ・ラジオの出演交渉とか講演会のマネージャーをやってあげるから、ガッポリ儲けて大邸宅を建てようヨ」と言うと、今のところその気になっている。

三人とも「はやく社会に出たい。ママに楽させてあげたい」ナドと言うから、親はついホロリとさせられてしまう。

でも子供たちよ。ママはあなたたちの力で楽な暮らしをしようと思ってはいないのよ。あなたたち三人が、それぞれの道を歩き始めたら、その時、私の人生がもう一度始まるはずなのだから。

母親をする女と、母親である女

友達の聖子は大学時代、女性解放運動《ウーマン・リブ》の闘士で、卒業後二回結婚して二回離婚し、それぞれに子供をもうけ、二人の子を自分の手で育てている。上の子の名が芽《めぐむ》、下の子は春《はる》。母親の素直な髪と激しい気性、人なつっこい瞳を受けついだ女の子である。

芽は「田辺芽」として生を受け、その後、母の再婚で「鈴木」になり、離婚後もともとの母の姓「結城」を名乗っている。だから三輪車に書かれている名は田辺芽、自転車には鈴木芽、そして今の彼女の本名は結城芽なのである。

ある日、聖子が二枚の写真を見せてくれた。一枚は次女の春の写真。そしてもう一枚には、春とうりふたつの顔をした幼い頃の聖子がセピア色に染まっていた。

「そっくりでしょ？　私も比べてみて驚いちゃった。これ見ていると、この子は私一人だけで産んだんじゃないかな、この子の父親って本当にいたのかなって思っちゃう」

「もしかしたら、聖子は雌雄同体じゃないの？」

そう言いたくなる程、春は聖子の純粋培養である。

友達の藤緒《ふじお》も、聖子と同じような結婚と離婚を繰り返し、今は三人目と幸せに暮らしている。先日、午前四時にいきなり痛みがきて、病院へ行くと腸閉塞《ちょうへいそく》の疑いがあると言われ、札幌市内の外科病院に運ばれた。結果は腹水がたまっただけだったが、点滴をしたまま藤緒は三日間の絶食である。彼女の夫が小学四年の息子に向かって、「お母さんのお見舞に行こう」と言うと、「ボク友達と遊ぶ約束しちゃった」と小さくつぶやいた。彼はいつも自分の世界だけを見つめているタイプである。

「じゃあ日曜日に二人で行こう」と言ったら、「何時に帰れる？」と聞いた。ここに至って旦那は怒り、声を荒らげ、「お前はお母さんの体が心配じゃないのか」と怒鳴ったが、息子の返事で彼はふき出してしまったそうだ。彼はうつむきながら、

「ボク……親不孝だと思う」

彼等を見ていると、家族とは「血」ではなく、家庭を築こうとする「意志」なのだと思う。

そこへいくと、うちの家族は血の結束である。「もらい子だ」とだまそうとしても、顔の相似がそれを否定してしまう。常日頃から、「ママが死んだらアンタたち、路頭に迷うんだからね」と言い聞かせているせいか、大層大事にしてくれる。私がディスコに行っても、映画を観に行っても、彼等はそれが私の仕事だと納得している。誰にもつかまらず、会社から真っ直ぐ家へ帰れた日など、腕をふるってつくった夕食の後、三人の兄妹《きょうだい》が大騒ぎしながら学校のこと、好きな人のことをずっと話している。大きな笑い声を聞きながら、企業戦士♂はどうしてこんな幸せを簡単に放棄してしまうんだろうと、ふと思う。

うちの子はいい子だと目を細めながらも、うんにゃ、わからない、今の子育ての欠陥なんぞ十年後に出てくると、ほんの少し身構えている母なのである。

まだ母娘、もうすぐ親友

昨夜、ゴミを捨てにベランダに行き、ポリバケツのふたを開けてふと目を上げると、アスファルトの道路をヒタヒタと歩く動物が見えた。我が家はマンションの一階で通りに面している。また猫かと思ったが、何故かとても奇妙な感じがしたので、急いでつっかけをはいて庭に走り降りたが、駐車した車にさえぎられて姿は見えない。

どうもしっぽが妙だったと、パジャマのままフェンスを乗り越えて雨の舗道を小走りにゆくと、車の陰からスッとその動物が姿を現した。光る目、細い顔――まさかと思ったが、それはキタキツネだった。こちらを見ながら身構えている。

「ママ、どうしたの？」と勉強していた長女が、やはり庭からサンダルをはいて追いかけてきて、にらみあう私たちを見て驚き、声をあげた。そうこうしているうちにキツネは、ぽてっとしたしっぽを翻《ひるがえ》し、マンション街をゆらゆらと歩きながら、表通りに出て行った。

濡れた黒いアスファルトの道路の真ん中を、野生の動物が歩く――。もし目撃者が私一人だったら、誰も信じてくれなかっただろう。

そういえば、二股ラジウム温泉でキタキツネを見た時も、長女と一緒だった。観光客が餌を与えているのか、車から私たちが降りると五、六匹走り寄って来る。追い払うと、キツネのくせに「ワン」と吠えた。

温泉好きの友達と連れだって、あの時は男友達二人、女友達一人、そして長女と私というメンバーだった。二股は硫黄の臭いが強く、由緒正しい温泉で、ドーム型の建物にある風呂が一番良いが、混浴なのである。女友達は「思いっきり脱いじゃってさ」と私たちを誘う。男友達も当然の如くスタスタ歩いて行く。

「ま、バスタオルまいてサ」とのんきに言ってからハッとした。長女は十六歳、「嫁入り前の……」とか「他人に肌を見せて……」とかやたらと古風な表現が頭に浮かぶ。結局、私たちは女専用風呂に入った。私一人ならニセコの五色温泉も、雷電の朝日温泉も平気なのに、長女と二人の二股温泉で、私の心はいきなり「母」になったのである。

この夏、奥尻島でキャンプをした時、テントを張るなり水着に着がえ、シュノーケルとフィンをつけた私は、遠くの岩場めがけて泳いだ。海中の藻がゆれ、魚の群は光り輝き、私はひととき人魚になる。三十分ほどで岬から戻ると、浜辺では私が溺れたと大騒ぎしていたそうだ。娘たちも探して来いと言われたそうだが、彼女たちはあまり心配をしない。母親の泳ぎと、向こうみずと、周囲を気にせぬわがままぶりを知っているからである。

夕方、島の温泉でひと風呂浴びて、島をひとまわりした頃にはとっぷりと日が暮れていた。峠を越えてキャンプ場へ戻る途中、私たちはタヌキを見た。車のライトに追われるように、太いシッポがしげみの中に消えて行った。同じ車に乗りながら、私たちが見たタヌキは一回きり、他の人は三回も見たそうだ。

共通の体験をくり返すたび、娘と私の距離は近くなる。先日、娘の下着を買いに行ったら、いつのまにか、私とサイズが同じになっていた。四年後、私たちは恋の悩みを打ちあけ合う、仲の良い親友になれる予定である。

子供からの電話で始まったモンゴルの夜

北緯四十三度の国々を取材して番組を作ってみないかと上司から言われた時は、その意味が一瞬わからなかった。系列の新聞とテレビ、ラジオが同じテーマの下、それぞれで番組制作や特集を組むメディア・ミックスだという。まずアジア編として道新とＵＨＢは、ランド・クルーザー四台でナホトカを発ち、イスタンブールに至る一万三千キロを二ヶ月半かけて踏破する。そしてＦＭ北海道は、ナホトカとイスタンブールで拠点取材をすると聞かされた。ただし、予算は一人分である。

　私は迷った。出張中、子供たち三人だけでは暮らせないし、一人旅なんか二十年前に鳥取砂丘へ一度行ったきりである。なのに「喜んで」と言って引き受けた。どうも昔から、怖いと思ったものに向かって行くクセがある。「留守中の子供をどうするかは、私自身の問題なので、自分で解決します」と大見栄を切ってから途方に暮れた。

　結局、出発する一ヶ月前、友達夫婦が私の家で寝泊りしてくれることになった。「ウチで一番危なっかしいのはママだから、気をつけてねっ」という娘の言葉に送られ、バックパックを背負って家を出た。訪問地は、ナホトカをモンゴルに変更してもらった。軍港より遊牧民に逢いたかったからだ。

　北京駅を朝七時四十分に出る列車は、約三十二時間でウランバートルに到着する。二人乗りのコンパートメントで一緒になったのは、がっちりした体つきのガンスーというモンゴルの三十歳の男性で、片言の英語を話した。車窓から万里の長城が見えたあとウトウトして、気がつくとゴビ砂漠の真ん中を走っていた。はるかに地平線を眺めながら、気がつけば放牧されている馬や牛が群をなしていた。羊もいた。ラクダもいた。

ひまにまかせてガンスーからモンゴル語を習った。ヤギはヤンマー、ウシはウッヘル、ラクダはテッメェ、馬はモル。しかし同じ馬でも、群になると今度はアットーと言い、子馬はオーナク、父馬（種馬）はアヅラグといった具合で、その上、二歳馬、三歳馬と年齢によっても呼び方が違う。

私がおもしろがって声をたてて笑っていたら、ガンスーは愉しそうに、ラクダの子、父、母と、それぞれ違う言葉を披露した。一個の存在に一つの言葉という考え方からすれば、彼等は大切な動物なればこそ、その分類が我々日本人より細かいのだろう。

その代わりと言ってはナンだが、野菜に対しての認識は甘い。「この菜っ葉は何と言うか？」と尋ね、三種類の言葉を書き取って日本へ帰って調べたら、皆「野菜」という意味だったと何かの本で読んだ。ガンスーと話しながら夜が来て、「Good morning!」というガンスーの快活な声で朝、目がさめた。やがて予定より五時間遅れて機関車は、夕方六時すぎ、ウランバートルの駅に到着した。

ところが約束した日本語の通訳が来ていない。派遣されたツェデクというガイドは、日本語はおろか、英語もおぼつかない。これじゃ取材など到底無理とがっかりして眠りについた夜、ホテルの部屋のドアを叩く人がいた。小さな声で私に日本から電話だと言う。

ホテル・ウランバートルのフロントの受話機を取ると、懐かしい子供たちの声が聞こえてきた。私は水玉模様のパジャマにリーボックのシューズという奇妙な姿で、深夜の泊まり客が静かに横を通り過ぎる中、大声で「ママはネマキ姿で一階にいるから早くして！」と叫んでいた。あわてんぼママの珍道中は、まだ始まったばかり。

プレゼントの誘惑

プレゼントを貰うのが好きなのである。で、どういう訳かいつも、くれる人が身近にいるのである。

大学時代のクラスメイト「K」は、初めにデューク・エリントンのLPをくれた。次に「ボクが憧れている人のがらくた箱の中にあったもので、ボクが『欲しい』とおねだりしたら『いいわよ』と言ってくれたんだ」と言って黄色い七宝のブローチを、「骨董品屋さんにあったからロシアの王女様のものかもしれない」と言いながら琥珀《こはく》のペンダントを、「映画を観て君のことを思い出して」と真紅のガルボ・ハットをプレゼントしてくれた。

セリフも顔も気障《きざ》だけど、妙にKに似合っていて、しかも品物は私の好みだったからありがたく頂戴し、今も大切に使っている。ただ彼自身だけは私の好みのタイプではなかったから、二人が恋に陥《おち》ることはなかった。

私の実家も盆暮のつけとどけが多く、最盛期には四畳半にぎっしりと全国各地のデパートの包み紙にくるまれた箱が並んだ。母の特技はハコを持っただけで中身をあてることで、重さ、形、ゆっくりふって次々に品物をあてる姿に、幼い頃の私にはまるで手品を見るようで愉しかった。門前の小僧で私も結構な確率で中身をあてる。母はしまいに某百貨店の符丁《ふちょう》まで解読した。ある日、母はクロスワードパズルが解けたみたいに嬉しそうに、小声で教えに来た。頂いたものがいくらなのか興味を持って観察しているうちに、伝票に書かれた5Aという数字が五千円を、3A5という数字が三千五百円を意味していることを発見したのである。ちなみに、簡単に外部の人にもばれると評判が悪かったせいか、全国的に有名なそのデパートでは現在、この暗号は使われていない。

プレゼントを開ける喜びは、ジグソー・パズルがはまった時にも似てワクワクするものだ。しかも中に入っていたものが、欲しかったけれど自分でお金を出すのはちょっと……と思っていたものなら尚更《なおさら》である。

最近、二十年前に別れた恋人と再会したら、彼はすっかりプレゼント魔になっていた。子供たちにとステーショナリーだのネクタイだのを送ってきたあとは、台湾で買った翡翠《ひすい》のイヤリングや珊瑚《さんご》のブローチ、アメリカで買ったTシャツに、安物だから気にするなよとルビーの指輪、そのあとは定期的に服を送って来ている。

礼状も出さずに、お返しもせずにいるのは、あまりのプレゼント攻勢に恐れをなしているのと彼に妻子がいるためで、知らん顔していればそのうちにやめるかなと、悠長に構えている。しかも、電話に出るのがはばかられて居留守を使う。子供たちも私をガードして、早い時間は「まだ帰って来てません」と言い、遅くなると「疲れて寝てしまいました」と答えてくれている。

それにしても、イヤがって電話にも出ない相手からプレゼントを貰い、送り返しもせず、翌日にはちゃっかり身につけちゃっている母親を、彼等は時々不可解に思うらしく、先日、末娘が素朴な疑問をぶつけてきた。

「ママ、あいつから送って来た指輪だけど、どうしてサイズがわかったの？」

「そ、それはママが教えたのよ」と正直に答えた時、中学二年の娘の瞳にフッと侮蔑《ぶべつ》の光が浮かんだように感じたのは、思い過ごしだろうか。

どうも私は物に釣られるタイプで、模範的な母親にはなれそうもない。

おっとり娘の優しいご意見

学生時代、私の運動神経は優れていて、自他ともに認めるスポーツ・ウーマンだった。運動会ともなればトップを走り、リレーは常連で第一走者かアンカーをつとめた。それなのに我が子ときたら、のんびりおっとりで、声援を送る私に向かってニッコリ手を振っている間に人に抜かれたりする。小さい頃から負けず嫌いでがんばり屋だった私が、「まあしょうがないわいな」と心底納得できるまでには、相当な時間がかかった。

子供たちの運動神経の鈍さは、ひとつには生活環境によるものだと思う。人は赤ちゃんからハイハイをし、つかまり立ちをする間に腿やお尻の筋肉が培われていく。ちょうどその時期、私は彼らを時間制保育所へ預けていた。その当時から保母さんが、「狭いところであまり充分な運動ができません」と嘆いていたから、彼らが徒競争で遅れると、「頑張っておくれよ」と思う一方、「すまないねえ」と殊勝にも考えるのである。

どんなスポーツも器用にこなし、砲丸投げでは東京都渋谷区で三位に入賞した私である（つけ加えておくが、当時の私は筋肉質で、決してタマラ・プレスなみの大デブだったわけではない）。それなのに、当時からスポーツするのは好きでも、見る趣味はなかった。だから、スポーツ中継に女性アナウンサーはいないと聞かされ、それなら挑戦してみるかなと遊び半分、練習半分の野球実況をやってみたことはあるが、自分で自分の才能に見切りをつけた。

ところが、FM北海道では年に一回、北海道マラソンの中継をしている。私は三年前に折り返し地点で中継し、「ゼッケン」を「背番号」と言って笑われた。去年は、スタート地点の真駒内屋外競技場を担当したが、「昨年は好記録をあげました」と言ったら、上司から「記録はあげるものではなく出すものだ」と、また笑われた。要するに好きでないと言うのは、こういうことなんだと、体育で頑張らない子供たちの気持ちがようやくわかった気がした。

そういえば、以前はＰＴＡバスケット大会なんてのに参加し、子供相手に本気でやって、家へ帰ると「友達からねえ、おまえんちの母さんすげえなあって言われちゃった。恥ずかしいからやめてよねっ」と嫌がられた私が、先だって出場した球技大会では全然シュートが決まらない。頑張ってもできないことがわかり、初めて他人に優しくなれた気がする。

それでも努力はする。テレビでマラソン中継があると必ず観て研究はする。けれど途中でうたた寝し、子供にゆり起こされた時にはレースは終了。既に月桂樹の冠をつけた優勝者が、インタビューを受けている。「あ～あ、今年もマラソン中継かあ。あたし、センスないもんなあ」とため息をつくと、長女が聞きつけて「人はそうやって大好きな仕事が嫌いになっていくんだよね」と、妙に優しい。

最近、娘と私の意識は肩を並べるどころか、彼女の方が保護者のような感じである。

「アタシゃ学生時代、スポーツ万能でね……」と子供に説教しながら、アナウンスの練習に使うこの早口言葉が頭に浮かぶ。

「老いては負うた子に教えられ」

子育ては母親五割、子供同士五割

「子育てって一人でも大変なのに、三人もよく産んだわねえ」と時々言われる。何も計画的に出産した訳ではなく、作る方法は知っていても作らない確実な方法を知らなかっただけである。二十四歳で第一子を出産し、二十八歳では三人の子持ちだった私である。DJ仲間にオバサン呼ばわりされた時は、「あーたの歳にはね、私は子供がもう三人いたもんね。へっ、まだ独身?」と言っては嫌われている。

ただ二十代の後半、華々しく女が開花する時期のほとんどを、私は腹ボテのマタニティか、髪ふり乱して子育てをしていた。今や紙オムツが普及しているが、当時は高かったので布製を二枚組みあわせたものだ。一日八組として、時には二人分三十二枚を毎日洗濯である。雨の日など、晒《さら》しの布キレが狭い2DKに満開だった。オバサンと呼ばれる年齢になってもオバサン臭くないと言われるのは、ひとえにそんな出来事をそれなりに愉しんでいたからだろうと思っている。

東京の実家へ帰る時など、末娘をおんぶして(この「おんぶ」はファッショナブルに生きたいという私の主義に反したが仕方がなかった)、両手にスーツケース、長男にばってんの胴輪をつけ、紐の先を長女に握らせて「右・左」と口で指示して羽田に辿りついた。勢い、子供たちは自分の身は自分で護るようになった。一度など、初めて行った新札幌のデパートで子供を放し、一時間後に水族館側の入り口で待ち合わせと言ったら、迷子になったのは私の方だった。

先日、北海道神宮へ花見に行った。三人の子供のうち、長女は疲れているから家に残ると駄々をこねた。仕方がないので、二人をそのまま職場の宴会に連れて行った。そのうちに、私が乗り慣れない自転車を友人から借りて、境内を一周して戻ると次女の姿が見えない。遅いので私を探しに行ったという。

次に私がトイレから戻ると長男まで姿を消している。次女を追ったというのである。待てど暮らせど二人とも帰ってこない。まわりは屋台の提灯やら、カラオケでがなりたてるグループやらで賑わってはいたが、すっかり暗くなっていた。「大丈夫？　二人とも帰って来ないヨ」と皆が心配する中、母親は日本酒をあおって平気な顔をしていた。

うちの子は帰巣本能が発達していて、自分が居る場所を離れる時は、何を目印にしたらいいか彼等はよく知っている。とはいえ、神宮の広大な敷地の中、へべれけに酔ったおっさんもいっぱいいるナ、と少々不安になりかけた頃、中学二年の娘が風に髪をなびかせて戻ってきた。ところが息子は一緒にいない。まわりは心配する、母さんは酒を呑む、をくり返して十五分ほどすると、息子が留守番の長女をつれて戻ってきた。片道二十分の道のりを自転車で姉を迎えに行ったのである。彼曰く、

「一人で淋しいと思ったんだ」

最近は一人っ子大流行《おおはやり》で、父母の愛情で満ちあふれた顔つきの子を見ると、羨ましいナと思うこともある。でも、我が家では子が親を育て、「子」の子育ては母親五割で、あとの半分は子供同士の子育て同志なのである。

子供たちよ、母は「世界」を見た！

イスタンブールに行って驚いた。駐車した車と車の間隔が十センチほどなのだ。英語では車が相当混みあっている様子を「Bumper to Bumper（バンパー・トゥ・バンパー）」と言うそうだが、トルコの車は、本当にバンパーがふれあったまま数珠つなぎに停車していた。どれか一台が出る場合は、当然前後の車を蹴ちらして行くのだろう。

街の中はいつもラッシュで、一方通行がやたらと多い。しかも方向が時々変わるので、昨日通れた所が今日は通れないなんてこともあるそうだ。トルコの人たちは、新聞や交通標識、時には交通整理のおまわりさんに聞いて順路を知る。

何でこんなに混むのかと聞くと、「トルコ人は車好き、トイレに行くにも車に乗る」というジョークを教えてくれた。

一度など、三車線の一方通行をのろのろ進んでいたら、横にいた車が二、三台しびれをきらして歩道を走って先へ行った。交通違反の罰則規定はないのかと通訳のマリコに聞いているうち、今度は大型バスがウインカーを出した。歩道を走るバスの巨大なお尻を見ながら、トルコ人は気が短いのかなと、ふと思った。

「トルコ人」と言ってもさまざまなのである。そもそも人種を並べあげるとトルコ人の他、アルメニア人、ギリシャ人、ユダヤ人、クルド人、アラブ人などで構成される多民族国家で、かつてオスマン帝国が世界を支配したことを考えると、ひとりの人の中にこれだけの血が流れていると言っても過言ではなさそうだ。

トルコ人のアジャールはギリシャ系の顔だちで、「トルコ人とは何か？と聞かれてもワタシたちは答えられない。いろんな顔の人がいる」とカン高い声で話しながら、近代トルコの父、ケマル・アタチュルクの偉業を説明してくれた。そして、「我々はイスラームを誰にも負けないくらい信仰しているが、宗教に縛られてはいない。トルコ人はヨーロッパ人なのです」と結んだ。

人種問題としてクルド人のことは、この国ではタブーだと日本で読んだ本にも書かれていたし、人からも注意された。トルコにはクルド人は存在しないし、だからクルド人問題も存在しない、というのだ。かつてクルド人は「お前は何人だ？」と聞かれても、決して「クルド人」とは答えず、「トルコ人」と言わなければ投獄されたという。

しかし、現在はクルド人の女性国会議員が誕生するなど、クルドはタブーではなくなったと知り、取材しようとしたが、結局壁が厚くてうまくいかなかった。今は新しい政府の方針もわからない微妙な時期で、外国人にかきまわされたくないと言われた。

「例えば大学教授で、クルドについて自由に話せる人はいないか」と聞いた時、「ダレモ、コノクニデハ自由ニ話サナイ」と言われたのが印象的だった。あとには、イブラヒム・タトゥルセスがクルド語で歌ったというカセットテープだけが残った。

はっきり言って母は「世界」を見たのである。危険の香りを近くで嗅いだのである。なのに「ママ、ママー、お帰りなさい！」と子供たちが抱きついたのは束の間のできごとで、十一日ぶりに我が家へ帰った私を待っていたのは、流し台に山と積まれた茶碗と皿ばかりであった。

天才ママを泣かすウチの異星人《エイリアン》

「オタクの子供、少しヘンじゃない？」

我が母に言われてしまった。同じようなことをこれまで何回も言われているのである。

「オタクの子供」というのはもちろん私の可愛い子供たちのことで、当然彼女にとっては孫にあたる。言うなれば私の教育方針は、ことごとく彼女のアンチテーゼとなっているので、東京と札幌、離れて暮らしている分には「ウチの孫」で済んでいるが、彼女の箱入式娘教育法の範疇《はんちゅう》からはみ出すウチの子供たちを目のあたりにすると、三人の異星人《エイリアン》なのだろう。

そんな時、彼女の言い方は「ウチの孫」から「オタクの子供」に変わるのである。

例えば私の子供たちは、門前の小僧で言葉のアクセントには敏感である。小学生のころ、

ＴＶに出演しているタレントの発音がおかしいと口々に訂正しあっているのを母が横で聞き、「オタクの子供は少しヘンよ」と言っていた。

「変」という感覚はどこから来るのだろう。自分の子供とよその子供、その共通項からとび出している部分を「変」と感じるのだろう。だとしたら、どこの子供もへんな所を持っていてあたりまえなのである。

日本とイギリスは同じ島国なのに、どこが違うのか議論したことがある。片や鎖国で他との交流を絶ち、もう一方は陽が沈まない国と言われるほど、世界各地に植民地があった。勢いイギリス人は、髪の色も顔つきも人間は異なるものだと知っていて、だから人間は考え方も生き方も違っているのだと肌で知っていた。ところが日本は、異分子を排除することによって、固い結束の共同体が存在し得たのである。方言などはかつて、よそ者を区別する有効な手段だったのだろう。

そういえば私が懸命に子育てをしていた頃、「仲間はずれ探しゲーム」をよくやった。本の頁をめくるとリンゴの中に一本のバナナがあったり、白い丸の中に黒い三角があったりして、それを小さな指で「コレ」とさすと「まあ頭のいい子ね」となでるというもので、要するに異質物を指摘する遊びである。知能テストにもあったと思うが、この訓練をしすぎて日本の子供たちは、「仲間はずれ」から「集団いじめ」に走ったのではなかろうか。

それにしても、弱い少数者を強者がよってたかっていじめるというのは、今や大人の社会にも蔓延《まんえん》しているそうだ。そういえば、私も随分いじめられた。男の中に化粧をしたドレスちゃらちゃら女がいたら、そりゃあ「異分子だ」ってすぐにわかるもんね。でも同僚はそんな私を、「中田サンをスゴイと思うのは、女であることを最大限に生かしてつきあいを拡げていること」と言ってくれた。確かに女なればこそ、どこぞの社長とも支社長とも、「あーら、ぴゃらぴゃら」と話ができたりするのだ。

その同僚、男でも時々めげることがあるらしく、意気消沈の折には札幌駅から北広島の自宅に電話を入れ、「今、帰るから……俺、元気ないからね」と言うと、奥様はごちそうを用意し、旦那様を迎えるなり「あら、隆之さんは天才よ」と連発するのだそうだ。彼は、「もう一回言ってくれる?」と言いながら「天才」ということばを体中で浴びるのだとか。イイ奥様なのですね。

私は結構なお調子者で、時折、自分がホントに天才だと思うことがある。先日もビールを一本、自宅で飲んで気分が良くなり、子供たちに「ママって天才だよねっ」と無理に同意を求めたら、長女が「その天才がさ、努力もしているんだから誰にも負けないよね」と真顔で続けた。時々カラオケやって、ホロ酔い加減で午前様する母親を、である。

アタシ……涙が出る。

家事だって人生だって先手必勝！

世の奥様方はどうやって家事をこなしているのだろう。①料理、②洗濯（アイロンかけ、繕いものを含む）、③掃除（①のあと片付けもここに含む）、これが家事の三要素である。で、この三つとも完璧にこなしている方を私は知らない。A＝料理好きな人は掃除が苦手だし、B＝いつも部屋が整然としている人は、あまり凝った料理に没頭することはない。で、どういう訳か、料理と洗濯は共存するし、洗濯と掃除好きもいっぱいいるのである。もっとも私が知らないだけで、どこかにスーパー家事ウーマンがいるのかもしれない。

私は言わずと知れたAタイプで、作る事は好きだが片付けるのは気が重い。そんな私の子供たちはどうかと言うと、中三の息子はチャーハンにシナモンとラー油を入れて「試作品だ」と胸をはるトンチンカンだが、中二の末娘は料理上手で、「鱈のムニエル、トマトソースかけ」みたいなものを教わりもしないで器用に作るのだが、台所《ながし》を洗い物の山にして力尽きている。ところが高二の長女は、ケーキ作りはしても惣菜の類はからっきしダメで、その代わり私の子とは思えない程、片付けのセンスが備わっている。

この長女が突然、アルバイトを申し出た。一日もかかさず片付けをしたら、「何ヶ月で十六万円のシンセサイザーを買ってくれるか？」と言うのである。つい四ヶ月と答えてしまったのは、過日、十日ほど家政婦さんを頼んだら、六万円ほどかかったことを記憶していたからかもしれない。まじめに考えると月四万は痛いなあ。友達からは「家事を子供がするのはあたりまえ。なのにお金を渡すなんて」と冷たい視線を浴びてしまった。

行きつけの寿司屋の清《せい》さんに話をすると、「そうとも言えないよね。アメリカじゃあ、自分で働く喜びを知るためにも、手伝いをアルバイトですするって話じゃないですか」と肩を持ってくれた。とりあえず貯金やらボーナスの残りやらをかきあつめ、私の方も四ヶ月で十六万円を確保しなければならなくなった。

「渡りに舟」で娘の言葉に乗ってしまったのは、ひところ私の体調があまりにも悪かったからである。毎朝、三人分の弁当を作り終えるとグッタリして、連日タクシーで通勤する日々が続き、病気かな、年齢《とし》かなと思っているうち、まず気力が萎えてきた。仕事をするのが嫌でたまらなくなり、体力が落ち体重は減り、走っただけで動悸が激しくなり、手が震えた。そうこうしているうちに、疲れ果てて眠り続けた日曜日の夕方、目を覚ますと汗をかき、起きて立ちあがると体から湯気が出るようだった。何気なく喉に手をやると、グリグリとしたしこりがある。

こりゃダメだと思って医者へ行くと、甲状腺機能障害と診断された。ホルモンが出すぎているのだとか。しめたと内心思いましたね。出産以外は入院したことのない私は、昔っから病弱な少女に憧れを抱いていた。ところが「入院ですか？」と尋ねると、お医者さまは冷たく「いえ必要ありません。薬だけで大丈夫です」と告げた。根が頑丈にできているのですね私は。

聞くとこの病気、現代病みたいなもので実に多いそう。皿がたまった流し台をみて吐きそうになった奥様や、夫が出かけるのにベッドから起き上がれないミセスは、他に前述の症状がないか考えてみて欲しい。ともあれ私は薬を飲んだら、体調が恢復を通り越して、体力と気力が増大してしまった。そして「家事の先手」を打つことができるようになったのである。つまり先々考えてすれば楽にできるのに、後手後手に回ると辛いのは、人生も同じということにようやく気づいたのだった。

四十歳といえば「不惑」。現代人は十年遅れと言うけれど、私は四十二歳にして惑わなくなったと胸を張った。が、考えてみたらこれまでの私の人生が、単に行きあたりばったりだっただけで、世の女性はすでに二十代にして身につけているのかもしれない。しかも我が家の家事が順調なのは、ひとえに子供たちのおかげで、しばらくの間我が家の家事は、転んだり、笑ったり、ののしったりの「四人五脚」なのである。

自分の土で咲きなさい

私の父の名は定士《サダシ》で、私の弟の名は隆士《タカシ》、そして私の息子の名は雅士《マサシ》と言う。みんな士《もののふ》という字がついている。私ではなく、かつて姓名判断の本を見て夫が命名した。

私の母の名は喜美子で、姉の名は久美子、で私の名前が美知子である。高校時代、恵美子という名の友達がいたから、「もしかしてサ、オタクの母も妹も『美』がつくんじゃない？」と聞いたらやっぱりで、「父がね、『愛する人の名はちゃんと残して伝えるものサ』ってのろけるのよね」と、大人びた口調で言っていた。

親の名を一字もらって子の名前がつくのもよくあるパターンだが、最近、母がボソッと言うには、「名前を貰うと、その人が残した人生しか生きられないって占いの本に出てたわ」。……ってことは、ど田舎から東京へ出てきて総理大臣になろうと思って叶《かな》わなかったけれど、エネルギッシュに生きた父の「おあまり」ってことで、弟は未だにプー太郎なワケ？と口に出かかって呑みこんだ。

だって、またそのあまりの人生を息子が生きるとしたら、すっかり残り滓《かす》ではないか。

そう考えたところで頭の中の裸電球がピカッとついた。で、息子の肩を叩いて、

「だったらサ、あなた総理大臣になれるかもしれないじゃん」

突飛な空想をする母親に、彼は少し面喰らった顔をした。

残りの人生……そうかもしれない。一生専業主婦で過ごすであろう母の名をもらって、私は生涯、仕事とともに暮らすだろう。

「ママってさ、暮らしに退屈するってまずないよね」

車で買物に行く道すがら、長女が言った。最近、娘との会話がとみに愉しくなっている。

「やあねえ。でもそうよね、ママって人生に退屈するってまずない」

こんな風に話せるようになったのは、長女の高校入学祝いに、二人でヨーロッパ旅行をして以来である。あの時をきっかけに、私たちは友達になってきた。長男も、二人きりでモンゴルとかインドとか、不便でカルチャー・ショックを受けそうな国に行こうと秘かに計画をたてて来たが、結局、入学祝いはパソコンにした。

本人の希望もあったが、十六歳にもなる息子と二人で旅行なんていうと、どうもマザコン息子のようで、私の方も嫌になっちゃったのだ。おかげで彼は母と話もせず、狭い自分の部屋で毎日、嬉々としてキーボードを叩いている。

この四月、番組の若いスタッフを一人手放した。当面、彼がいなくなると「2時いろネットワーク」も困るので決心するまで迷ったが、いろいろ人と話をして、彼が成長するためにはそれが良いと判断した。結婚式の祝辞じゃないが、「菊、根分け、あとは自分の土で咲け」ってヤツである。

いつか私と拮抗するかもしれない、越えるかもしれない、かみついて来るかもしれない。でもいつか、ディレクターとDJとして対等の立場で共に仕事ができるかもしれない。その日まで、自分自身もババむさくならないようにしていなければならないのだろう。

ある日、通りかかった彼を呼んで「三月いっぱいであなたを放逐《ほうちく》することにした。あとは野となれ、山となれ……」と言ったら、彼も心得たもので「はっ、長い間ありがとうございました！」と体をくの字に折り曲げた。

いつか同じことを息子に言う日が来るのだろう。二八五〇グラムでこの世に生まれ、かつては私の腕の中でひとりでは何もできないでいた彼が成長し、今では私より首ひとつ背が高くなってしまった。

最近、子供たちとの心の距離感を考える。ずっと私が見おろして庇護していたのに、いつのまにか限りなく対等に近くなり、やがて追い越していくのだろう。息子なればこそ、時機が来たら彼の背中をポーンと押して、突き放してやろうと思っている。

ふり返った彼は、その時どんな顔を見せてくれるだろうか。

母と娘の中学生時代

娘に好きな人《おとこ》ができたらしい。まだ中学生なのにけしからんと、壁によりかかって長電話している娘を見て、私は少々不気嫌なのである。よちよち歩きの頃からどこか色っぽい娘《こ》で、TVでラブシーンなどがあると、上の二人の子は「あ、見ちゃいけないんだ」と目をおおうのだが（うーん、今考えるとこれも不自然な反応だなあ）、彼女だけはぽっと顔を赤らめていたものだ。

作家の遠藤周作さんは、息子に恋人らしき人から電話が来ると、わざと相手にも聞こえるように、「電話だよ。えっ、キミそれは悪いよ、居留守なんて……。アーもしもし、今出かけています」と一人芝居すると、どこかの番組で話していたが、私にはそこまで演技力もない。勢い「長いわね」とか「明日の用意したの？」と声をかけながら、まわりをウロウロするしかない。

先日、相手の家に遊びに行くとまで言うから、母はツイ〝H〟まで心配し、「男の子は怖いから外で逢いなさい」と言ったら、彼はそんな人じゃないとにこにこしている。オトコというものはとひとしきり説教したら、「ママったら、よっぽど男運が悪かったのね」と逆襲されてしまった。

こうなったらと方針を変え、娘に恋愛の自立を教えた。①自分の気持をコントロールすること、②必要な時、NOと言えるように主導権《イニシアチブ》をとること、③相手の性格を見つめる努力をすること。そのあとで、遊びにおいでと言われて二つ返事でOKしたら、お手軽な子と思われるぞとつけ加えたら、「そんなこと言う母親っていないよね」と妙に感心している。しかし心ひそかに、もしかして恋の手練手管を中学生に伝授してしまったかと、少しおびえてもいるのである。

私の中学時代は真面目一本やりで、「おかっぱ、めがね、勉強できます」の清く正しいガリ勉ブスだった。先日、二十六年ぶりの同窓会に出席したら、誰も私が分からない。

あの時代は好きな男の子が毎日違っていて、その中でも一番は、新村くんというガリガリやせっぽちの二枚目半だった。好きとも打ちあけられず、一度だけ明治神宮の花菖蒲《しょうぶ》を見に、先生同伴でグループ・デートしただけの幼い恋だった。

それが今や相手も立派な四十代で、中年太りネクタイギラギラのひげおじさんになっていた。はじめのうちは他人行儀だった同窓会も、「××クン」「○○さん」と呼びあっているうちに、心は四半世紀前にワープした。

私たちはお互いの中学生時代の顔を覚えているせいか、相手が年をとっているように思えない。だから「変わらないわね」ばかりを繰り返していたが、他所《よそ》から見れば、立派なおじさん、おばさん集団なのだろう。

それにしても、二十代に一度でいいから小中学校時代の同窓会を開くことを、私はお勧めしたい。その時は、どんなに忙しくても出席する必要がある。私たちの場合は、ほぼ三十年間逢わなかった。女性がただ若いだけで華のように輝いている二十代を飛び越して、故郷・原宿で再会したのである。中学時代の私たちは、ただの小便臭い小娘だった。それが、華を知ってもらうことなく熟《う》れちゃったのである。

しかし、だからこその発見もあった。卒業アルバムと今の顔を見比べてみると、あの頃微かにあった芽が、良くも悪しくも大きく実を結んでいるのである。どこかちゃらんぽらんだった子は「俺、二十代で会社潰《つぶ》して借金してよぉ」なんて言っているし、ぬぼーっとした子は優しい家庭のパパになっていた。世話好きな子は塾の先生、学級委員は区議会議員になって号令をかけていた。つまり、人間はもう中学生の頃、自分の人生の糸を何本か束ねて持っていて、そのうちの一本の道すじを私たちは歩いてきたのだろう。

だったら中学生ぐらいの子供を見れば、おぼろげながら将来も見えて来る。そう思いながら、我が子はどうかと長電話する困ったちゃんを見つめてみても、これぱかりは親の愛が目を曇らせて、どうにも見えてはこないのである。

午前三時四十分の目玉の恐怖

人が超常現象を信じるかどうかは、その人の記憶のファイルの中に現実では説明し切れない出来事があったかどうかによると思う。

私が中学三年の時、高柳さんというおばさんがやってきた。当時病弱だった母に、治療としてお灸をすえるために他人の紹介で来た人で、我が家の戸を開けるなりヅカヅカと入ってきて、ガラガラ声で「あんた、お線香ないかい?」と聞く。うちには仏壇がなかったから、線香と名のつくものは蚊取線香しかなかった。渦巻きをひとつはずしてもっていくと、「なんだい、こんなんじゃダメだよ」と笑いとばされてしまった。それがはじめての出会いで、以来ひと月にいっぺんぐらいの割合で訪れるようになった。

下町のガラッ八と思っていたおばさんが本領を発揮したのは、私が高校二年の冬だった。彼女の本職は四柱推命をもとにした運命鑑定士で、その夜、彼女は家へ入るなり「何かおかしいよ。そこんとこにコップの水をあげといてくれ」と言う。そして程なくして、広島県に住む父の妹から電話が入り、旦那さんが急病で入院したという。

高柳さんは「その人はもう五臓六腑《ごぞうろっぷ》やられて助かんないからすぐに行ってやんな」と呟いた。父はそのまま葬式に出席して帰ってきた。彼女の言うことは当たることもあり、当たらないこともあったが、その後は畏敬《いけい》の念を持って見られることになった。

私が結婚した時、「仕事をするなら運勢の強い中田美知子、家庭では強すぎるから友紀と名乗んな」と彼女に言われ、それを愛する娘が誕生した時、プレゼントした。

高柳さんはその二ヶ月前、心臓病で他界したが、娘の名前の中に生きている。

彼女の説によると、誕生日とは運勢が最低の時期で、誕生月にきた「いい話」はうまく行かない事が多く、ついでに言えば、昔、誕生日に小豆を入れてお赤飯を炊いたのは「お祝い」ではなく「厄払い」で、家庭に何か良からぬことが起こった場合には、小豆を焼いて煙を出して家中の窓を開け放ち、「悪魔退散、悪魔退散」と言うと良いのだそうだ。

誰でもまわりに一人や二人、霊が見える人がいるようで、彼女たちは突然「見ちゃダメ、ホラそこにチェックのワンピースを着た女のコがいる」と言ったり、「あの男、生霊が十四人ついてる。その内一人は昔『釈迦曼陀羅《しゃかまんだら》』で踊っていたようなハデな娘」と口走ったりする。

皆が皆、霊感師だと信じているわけではないが、一説によると十人中八人は霊を見る能力を潜在的に持っていて、要は使っているかどうかなのだとか。

ところで、私は埃《ほこり》とカビのアレルギーで、最近復活してしまった喫煙習慣と相まって、夜中になると喘息症状を起こして息苦しくなることがある。先日も目が覚めてどうにも眠れなくなったので、「最近は部屋の掃除していないからカビ臭いしなぁ」と布団を持って居間に移動し、TVの前で眠ることにした。

ふと画面を見ると、小さな丸いものが光を放っている。月でも映っているのかとカーテンをぴったり閉めてみたのだが消えない。TVがついたままなのかと思ってスイッチをいじると、ビンという鈍い音がして放送終了の砂嵐が画面に出てきた。もう一度切ってみても、瞳孔《どうこう》のような丸いものはたしかに映っている。

ド近眼の目を近づけてよく見ると、まわりに弧を描いて薄明るい部分が見える。まるで大きなつりあがった男の片目が、じっとこちらを睨んでいるようなのだ。ゾッとして、高一の息子を起こして連れてくると、彼もTVを操作した後、「気持ちワリィ」と呟いている。

そのうち丸い瞳がピカーッと光った。まわりは静寂の夜の闇、怖がりやの私はもうここでは眠れない。布団をかかえ自分の部屋に逃げ帰った。背中で一言、息子の声。

「やだなぁ、こいつ動いてるよ」

何だったのかは分からない。だけど私はもう、夜一人でリビングには入れない。それなのに、未だに毎晩午前三時四十分になると息苦しくなって目が覚める。

白馬の王子さまにさよなら

ニューヨーク（以下、NY）へ行って、はじめて分かったいろんなことがある。ビリー・ジョエルの「ニューヨーク52番街」も、映画「ワーキング・ガール」のラスト・シーンで、嬉しそうなメラニー・グリフィスの顔に重なるように流れてきた「レット・ザ・リバー・ラン」も、ああそういうことなんだと肌で感じた気がした。

で、私の暮らし方も、角度で言うと二度ぐらい方向性が違ってきた。

NYの女たちはシックで華やかだった。上から下まで黒でコーディネートした服を着ているのに、どこか輝いている。女たちの笑いさざめく声が、通りすがりに聞こえてくる街でもあった。NYで生まれて育った人もいれば、この街の巨大なエネルギーに魅せられて集まってきた人も多くいる。

ここで暮らす日本女性は「イエロー・キャブ」と呼ばれているそうだ。「誰でも簡単に乗せる」という意味の裏に「イエロー・モンキー」という言葉も潜《ひそ》んでいる。家田荘子さんのノンフィクションでクローズ・アップされたこの言葉を聞いて、「国辱《こくじょく》もんだね。大《やま》和《と》撫子《なでしこ》も堕ちたもんだ」と誰かが呟いた。でも、それは少し違うのである。

　私がアメリカで取材した男性の名前は、ジョージ・サラット・ジュニア。コロンビア大学を出てウォール街で働いていた黒人《ブラック》で、彼が家田さんの仕事をコーディネートした。というよりも、家田さんの本に登場する日本女性の何人かは、彼の恋人《イエロー・キャブ》だったと言った方が分かりやすいだろう。

　彼に言わせると、NYに住む女たちの中で特に日本女性を指して「イエロー・キャブ」と呼ぶようになったのは、彼女たちが簡単に誰とでも寝るからだけではない。すぐにベッドで服をぬぐというのなら、アメリカの女もヨーロッパの女も同じことをやっている。でも日本の女性に共通しているのは、「寝ること《メイク・ラブ》」と「恋すること《フォーリン・ラブ》」が同居してしまうことだと言うのである。かつて処女性が尊ばれた日本人としては当然で、肌を許した人と添い遂げて……と妙に古風な考えを持つ私は驚いてしまった。

　さらにジョージは、「日本の女のコはファンタジーが好きで、いつも白馬に乗った王子様を待っている。一度SEXすると結婚してくれるものだと思い込み、それまでつきあっていた恋人《ボーイフレンド》と別れてしまう」と続けた。アメリカの男は優しい。甘い言葉を告げるのが礼儀と思っている節《ふし》がある。タクシーの運転手でさえ、行き先を尋ねながら、「My Sweet Heart（マイ・スウィート・ハート）」と呼んだりする。本気にするのは日本女性くらいという。

　またアメリカでは愛しあった翌朝、相手のことが頭から離れないのは Love（愛）ではなくて Lust（ラスト）と言う。辞書を引いたら「色欲」と書かれていた。

アメリカの女はＳＥＸしても、恋はしない。ましてや結婚に短絡《ショート》しない。一人で生きている女が二人になりたくて恋をするのに、日本人は男女がひとつになりたくて恋をする。文化の違いと言ってしまえばそれまでだが、日本の女がアメリカに行って取り沙汰されているのは、「男漁り」ではなく「幼児性」なのである。「イエロー・キャブ」という言葉をＳＥＸの現象面でだけ捕えると、もうひとつの大きな意味を見失ってしまう。

先日、某新聞社の方がスピーチをした際、「ここ数年、就職試験で顕著にあらわれてきた傾向は、女性記者の中に非常に優秀な人が増加してきたこと」とおっしゃった。うれしいことである。ただ私自身、大学時代のキャンパスの掲示板を思い出すと、マスコミは女性に門戸を開放していなかった。たかだか二十年前のことである。

また、酒の席で「女の上司に使われるなんて絶対いやだと思っていた。でも、今にそういう時代が確実にやってくる」と、五十代の男性が顔を赤くして話していた。それがここ二十年の意識の変化である。

この大きな変化は女が獲得したものであり、欧米文化の急激な流入によるものでもある。我が愛すべき女たちはどう対応するのだろう。二十一世紀には確実に社会へ放り出される二人の娘と、これを読んで下さった全ての女性に応援歌《エール》を送る。

団塊二世のしっかりエネルギー

先だって二十七歳の後輩と東京へ出張したら、「あれ？　何かヘンだ」と思った。羽田から浜松町へ向かうモノレールの中で、彼はウォークマンでJ-WAVEを聴き、私に片方のイヤホンを押しつけ、機内誌「翼の王国」の一部を破って「これ、ここですよ。オレ感動しちゃった」と野球解説者の逸話を熱っぽく話し、夜十一時半になってから新宿の屋台街へくり出そうと言う。スペインのシエスタ（昼寝）の習慣が尾をひいている私としては、ちょっと勘弁だったのである。

これまで私は体力では誰にも負けなかった。スキーをすれば体力の続く限り滑り、帰ってくると水着に着がえてプールで泳ぎ、したたま買いこんでご馳走三昧《ちそう》だったから、人生二人分くらい充実していたのだが、ハッと気づくと若いモンのテンポについていけなくなっていたのである。

この「ヘン」という感覚は、その後も至る所で感じた。複数の若いモンと話している時、若いコばかりのカクテル・バーにオジサンと行った時、自分自身をエネルギーの塊に飛びこんだ異物のように感じた。海外取材が多く、ススキノにご無沙汰だったせいか、よけい彼等を新鮮に感じたのである。居心地のいい人とばかり話をし、アフター・ファイブを自分だけのために使っていくうち、人間はタコツボ化していくのだと反省した。

先日、「今時の若いコ論」をテーマに座談会をした。それぞれ共通して実感している事は、「若い人たちは一様にいいコ」という事と、「男のコより女のコに活気がある」という事である。いいコであるが故に指示通り動くが、代わりに他人との接点を持たない。個人主義が徹底しているから、自分の守備範囲だけはきちんと守る。でも、会社も恋愛もそうそう割り切れるものではないから、勢いどこかでつじつまがあわなくなる。そうすると持ち前の素直さで「どうしましょう」と立ちすくんでいる。泥をかぶったり泣きわめいたりするのは、彼等の美意識にそぐわないのである。

「男のコに覇気がないのはね」と五十代の男性が言った。

「今の男のコは成長過程で家庭に父親がいなかった。だから母親の教育で成長している。女のコはそれに反撥しながら大きくなるが、男のコはそれに寄り添うように成長する。だから企業が彼らを教育する時、母親的な指導をしないと彼らには理解できないのです」

なるほどと思った。だとすると高度経済成長の時代、会社のため必死に努力し、家庭に父親不在だった頃のツケを、今、男たちは企業の名のもとに支払っているのである。

そこでふと疑問に思ったことを、その方にぶつけてみた。

「女に覇気があるということですが、企業としてはそういう女性を雇いますか？」

彼は少し考えてからこう言った。

「何と言っても社会は男性中心ですからね。女性は特定分野のエキスパートとして向いていても、総合職には向きません」

現時点ではそうなのかもしれない。

私が担当している番組「2時いろネットワーク」には、毎日ＯＬたちからファクスが届く。職場での秘めやかな恋のこと、上司への憤りなど、紙面のあいまから彼女たちの未来への希望が漂ってくる。今、仕事をしたがっているＯＬは増えている。自分の生活を愉しむ一方で、小さな歯車でもどこかでかみ合うことで、自分の存在を実感したいのだろう。

長女はもうすぐ十八歳。「はやく働いてママが遊べるようにしてあげる」といいコぶりを発揮する。いいコでしたたかな団塊二世。彼等が社会人として大量に現れてきた時、果たして世の中はどうなるか、心ひそかに期待しているのである。

女の生き方を見るのが好き

男の論理と女の論理と、その構造や発想法に違いはあるのだろうか。小学生の頃、学級会なんぞでの発言を聞いていると、男と女はかみ合わないところがあって、言ってみれば東京とニューヨークの違いのようで物理的な尺度では測れそうもない。もちろん個体の差か、グループに共通しているものなのか、私には未だに分からない。

私にとって忘れられない人がいる。数年前、北海道庁の提唱で「女性さみっと」が行われた際、私は彼女の次に発言した。

彼女はある警備会社の総務部長で、小柄でありながらややいかつい顔立ち。その発言は、「男どもが私の地位に嫉妬するから、『悔しかったら取ってみろ』と言っている。私は女であることを捨てて仕事を続けてきた」という内容だった。

私の要旨は、予め打ち合わせした通り「女でなければできない見方がある。例えば旦那の浮気の人生相談に対し、男性相談員は『きれいに着飾って待っていれば必ず亭主は戻ってくる』と答えたが、女性相談員は『浮気は病気です。すばやく適当な手を打たなければ悪化します』とアドバイスした。女でなければ言えない意見を表現したくてマスコミの内側にいる」と述べた。コーディネーターは、「片や女性を捨てて仕事をした。片や女性でなければできないことをしようとしている。正反対のことを言っているようで実は同じことを言っているのではないか」と結んだ。

彼女は私より十歳ぐらい年上である。あの頃の私は、どこかふにゃふにゃヘナチョコリンだったから、彼女が「男ドモ」と言ってしまう凄さに圧倒されるとともに、「そういえば私たちの世代以降は、仕事していても女やめてないよなぁ」などと漠然と考えていた。

その彼女《かた》と先日お逢いする機会があった。「21世紀をつくる女性達」という座談会で、久し振りに再会した彼女は、少しふっくらしてにこやかな笑顔を浮べ、ドレスを着て、警備会社の女性社長になっていた。

話は予想に違わずおもしろかった。当時勤めていた会社の業績があがらなかった時、「建て直したら好きなものをやる」という社長に対し、彼女は「地位《ポスト》」を要求した。その後の彼女の努力は無手勝流で、まず事務用品を倹約、社員の移動交通費を便乗方式で節約、「あなたが伝票一枚を大切にすることでボーナスが何百円か増える」と一人ずつ説得する一方、個々の勤務体制をチェックし、健康管理をしながら売り上げを伸ばしていった。

果たせるかな相当儲かった利益を、彼女はすべて社員に還元した。つまり、ボーナスと別に努力報酬として数万円の金一封を渡したそうだ。努力と成果を金《かね》で紡いで見せたら、軌道に乗るまであまり時間はかからなかった。

「ねえ、これって『女の論理』じゃない？」と私が聞くと、男友達が「いや、そういう話は、昔の立志伝にはよくありますよ。ただ……今の組織の中にいる男には、ないかもしれませんねぇ」という答が返ってきた。

ともあれ、二十年前に先輩の男性から「女は統率力がない。動物だってボスはみなオスだ」と言われた話を彼女にしてみたら、冗談まじりに「私はそう思わない。だって女王蜂がいるじゃない」と笑った。

私にとって女は、いつも新しい。あ、でもそのケは全然ありませんよ。ただ「女の生き方」を見ているのが好きなのだ。「女性と仕事」は、明治・大正時代の開拓者《フロンティア》がいて、彼女のような「猛然と努力型」がいて、私たちのような「ちゃっかり型」があって、そろそろ我が娘たちの団塊二世たちが社会にデビューしはじめている。私は期待しているのです。男だの女だのに囚われることのない時代に、少しずつ近づいていているのだから。

イタリアの陽気な男たち

ナポリ発ローマ行きの鉄道は一等と二等の値段にあまり差がなくて、待遇もほとんど変わらない。連日四十度という暑さのわりにどちらも冷房の設備がなく、車窓の両脇で重たいカーテンがバタバタと風にはためいている。

おっさんが一人、私の隣にすわりこんで離れない。彼は車掌なのである。検札に来た時ニッコリするから、儀礼的に会釈したら誤解されたらしい。イタリア訛りの英語で「どっから来たのケ?」と聞くから返事をしているうちに、車輛の中は私とおっさん二人だけになってしまった。駅に停車すると外に出て、マイクで「エー、この列車はローマ行きだかんね」みたいなことを言ったあと、また私の隣にどっかりと座って私のめくる雑誌を眺めている。イタリア男は職務中に女を口説いちゃったりもするのだそうだ。

ナポリのベヴェレッロ港でカプリ島行きの水中翼船を待っている時も、マルコというおじさんが声をかけて来た。テープレコーダーのマイクを向けると、「イタリア良いトコ一度はおいで」と陽気にしゃべってくれた。船で働いていると言うので「船長《キャプテン》か？」と聞いたら、もっと下っ端だという。ドライブに連れてってやると誘うから断っていたら、最後はロレックスの時計を見せてボーイフレンドのおみやげにどうだと言う。あとで聞いたらイタリアで売っているまがいものは、かなり精巧なのだそうだ。言葉がうまく通じないから値段は聞かなかった。女一人旅はたとえ好奇心があと押ししても、三歩ぐらい手前でひかないと危険をよけきれそうもない。

今回の取材旅行はかなり強行軍で、札幌→成田→フランクフルト→ナポリ→カプリ島→ローマをわずか二泊三日で移動した。重いバックパックを背負ってローマに辿り着いた時は、「もうやだ、もう歩くのやだ」と日本語のひとり言が口をついていた。

泊ったホテルも、フランクフルトはお化け屋敷で、カプリ島も外見は白い地中海風の建物だったが、中に入ると家具はベニヤ板で、TV・ラジオ・時計なしという粗末な部屋だった。旅行会社の友人は、「そんな時は『Change（部屋かえろ）！』と怒鳴れよ」と言うけれど、私にはそういった類いの度胸がない。結局我慢してしまった。

以前ハワイへ行った時、私と上司は日本で同じ金額を支払っているのに、上司は穴倉、私の部屋はゲストルームつきのワイキキビーチを見下ろす最上階ということがあった。どうも、どの客をどこへ泊めるかは、フロントの匙かげんひとつのようだ。しかも彼等は相手が上客か、それとも二度と泊まることのない客か、人相風体で値ぶみするのだそうだ。

そこでローマでは、とびっきりの笑顔で「私はね、ここに三泊するのよね。だからいい部屋をお願いね」と頼んだら、アルマーニを着たマネージャー氏が部屋を吟味して選んでくれた。狭かったけれど居心地のいい、大理石を施した部屋だった。

もしローマに行くことがあれば、ヴェネツィア広場の近くにあるホテル・トライアーノへ行くといい。運よくフロントに彼、アントニーがいたら、ミチコから聞いたと言えば、得意そうにこのホテルは昔、貴族が住んでいた家だったのだと由来を説明し、あなたにぴったりの部屋を探してくれるだろう。

イタリア男特有のしつこさでせまられたらどうしようと、心配する必要もあまりない。彼が私との別れを惜しんだあとに言った言葉は、「あ、ポーターにチップを渡すのを忘れないで！」だった。

このあとバルセロナへ行き、一年間で四回、計七ヶ国の取材旅行をようやく終えた。本当に長かった。でも「昨日の私」より、十年くらい先へ行けた気がする。

あとは愛する子供たちのそばでゴロゴロする母になる。

第V章　北海道、わが愛

女性四人が歴史の語り部

昔の人は物を大切にし、お金持ちでも質素に暮らしていた。栗山町の小林酒造本宅を見学してつくづく思った。この北海道最古の酒蔵《さかぐら》は、夕張の炭鉱で働く男たちを対象に一九〇一年（明治三十四）、札幌から角田《かくた》村（のちの栗山町）に工場を移転した。その栄華を今に伝える本宅は、二十三もの部屋からできている。

三代目小林米三郎氏が他界し、今の四代目の母上がひとりで暮らすには広過ぎて寂しかろうと、五年前から一般公開を始めた。小林家の女性四人が「守《まも》りびと」として歴史の語り部となり、話を聞かせてくれる。

初代のひとり娘であるチノお婆ちゃんの死後、着物を繕った布切れが、一千枚も見つかった。まるでキルトのようにそれを縫い合わせた一枚の布が玄関に飾られていて、重さは八キロあるそうだ。しっとりと光る床板は、酒が醸された樽を再利用している。

古民家は往々にして「見るだけ」で、触れることは許されないが、ここでは守《まも》りびとの勧めで仏壇の木魚《もくぎょ》を叩き、芸者遊びの投扇興《とうせんきょう》に挑戦できる。

北の錦が生まれた蔵を、冬には靴下三枚履きで訪れてほしい。

長唄三味線ライブ

作家の蜂谷涼に誘われて、長唄三味線ライブを聴きに行った。実は長唄にも三味線にも興味を持ったことはない。彼女の「国宝級の腕前だ！」という言葉に惹かれたのと、ライブ終了後に予約した小樽地鶏鍋が楽しみだったのである。

会場の運河プラザ（旧小樽倉庫）は歴史的建造物で、小樽独特の木骨石造《もっこつせきぞう》である。外見は石造り倉庫だが、実は外壁に軟石を張り付けていて、柱や梁は木造で雰囲気があたたかい。百二十年前に竣工したこの建物内に観客用のイスが並び、目より上の高い位置に赤い毛氈《もうせん》を敷いた高座《こうざ》、後ろには金屏風《きんびょうぶ》というしつらえである。

開会のあいさつの後、黒の紋付袴《もんつきはかま》で出てきた二人、その名は杵屋邦寿さんと松永鉄九郎さん。ひとりは熟練という面差《おもざ》し、もうひとりはイケメンである。

「こりゃ、照明が暗くなったら私は寝るな」と思っていたが、居眠りなどさせないトークが始まった。

内容は「三味線の演奏法に本手《ほんで》と替手《かえで》があり、原曲の旋律に、合奏するかたちで別の旋律が入る」と実際に奏でてみせ、三味線の竿を握ろうとする相方を「だから竿を握るなって」と押しとどめ、「三味線の弦は絹なので人の手で握ったりすると、湿気を吸って音が変わる」など、知らなかった長唄の楽しみ方が語られる。

そして三味線を弾くと、その腕前が、音色が、心に響く。

本物のエンターテインメントは、場所を選ばず偉ぶらず、時にさりげない姿でやってくることを教えてもらった、小樽の夜だった。

大晦日はおせち料理を食べて

大晦日《おおみそか》に起きたあの事件は、あれから四十年が経った今でも忘れられない。ちょっとした、カルチャー・ショックだったのだ。

私の母は生まれも育ちも東京で、十二月三十一日の夜は年越し蕎麦しか食べない。母がおせち料理を作る傍ら、ほかの家族は炬燵《こたつ》でみかんを食べながら紅白歌合戦を見る。私の担当は高校生の頃から栗きんとんである。さつまいもを茹でて裏ごしし、袋に入れて水道水にさらす。しまいには手が冷たくてしびれるほど凍えた。でも、ここをサボると色が綺麗にならない。母の作りかけのお煮しめをつまみ食いしようとすると、「いけません」と叱られた。それだけおせちは、神々しい存在だった。

結婚して二年目の暮れ、舅と姑が正月を私たちと一緒に過ごすため、列車に乗って泊まりに来た。私は年越し蕎麦を出したあと、料理作りに励んだ。ところが姑は台所にやってきて「何かないのかい」と不満そうだ。私は少し自慢したくて「お母さん、ほらここまで作ったんですよ」と重箱の料理を見せた。すると彼女は、「あんた、こんなところに隠してたのかい！」と言うなり「ほら、父さん」と言ってふたりで食べ始めた。

北海道に「年越し」という習慣があり、大晦日はおせち料理を食べて宴会だ、と知ったのはその時である。家庭の習慣は閉ざされていて、しかも独自で頑固である。最近の我が家はというと、道産子の娘婿に敬意を表して年末は北海道式、明けて正月は東京式。慌ただしい大散財の年の瀬は、もうすぐそこまで来ている。

セルフレジ狂想曲

また、警報音が鳴った。何やら、しくじったらしい。私の家の近くにはスーパーが二軒ある。一軒はずいぶん前から支払いのみ機械化されていたが、もう一軒は完全セルフレジを導入した。友人のほとんどは、セルフを利用しない。が、私は新しいものに敢然と立ち向かうクセがある。

かつてワープロが出た時、キーボードを紙に書き、ブラインドタッチを一生懸命練習した。だから同僚が一本指打法でパソコン入力しているのに、私はいま堂々と両手を駆使してローマ字入力している。それだけに、セルフレジにも冷や汗をかきながら挑戦した。バーコードをピっと照合し、左の籠から右の籠に商品を移動させる。また警報音だ！　レジが係員を呼べと命令する。係員が来た！　彼女も慣れないから焦っている。原因は何だ？　悪いことはしていないのに、何でこんなに後ろめたいんだろう。左と右の重さが合わない？　え？　軽すぎてダメ？

籠の中に入りきらないトイレット・ペーパーを外に出したら、また警報音だ。あ、そうなの。「これは籠に入れません」を押せばいいのね？　またレジが怒っている。係員がおもむろにやって来て「お酒は年齢チェックが必要です」。そうか「一刻者《いっこもん》」を入れたっけ。また鳴った！　何だよ！とうんざりしたら、今度は一万円以上をクレジット決済する場合、係員のチェックが必要なんだそうだ。

なんだかなぁ。導入した時、セルフレジのルールを大きく掲示してくれればいいのに。ここまで慣れるのに、私は五ヶ月もかかった。

ライオンキングと北海道弁

「標準語で言うとね」という説明を今でも時々聞くけれど、現在は標準語とは言わない。そもそも明治時代に全国の人々が交わるようになると、各地の方言の激しさに意思疎通がままならず、標準語の制定が急がれた。そこで、「ベランメエ！」などの野卑な言葉を除いた、東京ことばを標準語としたのである。整備された標準語は、のちにＮＨＫのラジオを通じて全国に流布してく。

その過程で、「方言は恥ずかしいものではない」という復権の動きが生まれ、「共通語」という概念が定着していく。公の席では共通語だが、方言は対等の価値を持っていて、人と人の距離を近づける。私も場の緊張が高まった時、意識して方言を使う。場を和ませる力があるからだ。

北海道弁には、他の言葉に置き換えることのできない言葉がいっぱいある。「ながまる」「ねっぱる」「いたましい」などは、冬の寒さに凍える時、ほっとさせられる響きがある。転勤してきた東京出身の女性が、「私が好きな言葉は『おささる』です」と言ってころころと鈴が鳴るように笑った。

「だってスマホで、『あ、わたし押していないのに！』と思っているのに、電話がかかっちゃうことがあるでしょ？　自分以外の誰かがやったんだっていう、他人のせいにしたい気持ちにぴったりです」

最近は北海道弁を聴く機会も少なくなった。劇団四季のミュージカル「ライオンキング」では、イボイノシシのプンバァとミーアキャットのティモンが、流暢《りゅうちょう》な北海道弁で会話する。あなたも愛着のある北海道弁を、見つけに行ってみないかい？

「オペラ座の怪人」自己流解釈

北海道四季劇場は、二〇一四（平成二十六）年六月二十一日のマチネ公演で、通算上演回数が一〇〇〇回を記録した。札幌駅再開発工事でJRシアターが幕を閉じてから十二年、いまの大通東エリアに二〇一一年、ふたたび専用の四季劇場ができてから三年五ヶ月が経過した。柿落《こけら》としが「エビータ」、続く「赤毛のアン」、グランドオープンは待望の「ライオンキング」、続いて「マンマミーア」、「美女と野獣」、そして二〇一三年十二月二十三日からは「オペラ座の怪人」をロングラン公演中だ。このミュージカルは一九九三年、JRシアターの柿落《こけら》としとして十一ヶ月にわたり上演され、三十一万人を動員した。当時、生まれた子はもう二十歳である。

友人たちの間でも「オペラ座の怪人」は評価が高く、数多くの思い出とともに語られる。息子が高校生の頃に観劇し、それを契機に彼は俳優を志し東京へ出て行ったと話すエッセイスト。ロンドンの舞台で感動し、その後TV放映で映画を見たとき、吹き替えの俳優に劇団四季のクレジットがあり、今回の公演を何よりも楽しみにしていたと語る釧路のダンディな社長など……。

私も時を隔てて四回見ている。初めは、落ちてくるシャンデリア、絢爛豪華な衣装などに目を奪われたが、少しずつ自分なりの解釈を愉しめるようになった。

オペラ座の怪人には、謎かけのような不思議な場面が随所にある。メグ・ジリーがイスに残された怪人の仮面を手にこちらを見る場面には、どんな意味があるのだろう。アンドリュー・ロイド＝ウェバーは、何を言いたかったのだろう。ダンス教師のマダム・ジリーは、まるで怪人の味方をしているように見えるが何か知っているのだろうか？　そしてぎゅっと謎が凝縮されたようなペルシャ衣装を着た猿のオルゴールは、何を見て来たのか？

劇団四季の俳優さんたちは、舞台にあがる前に自分がどんな人生を歩んで来たのか、全員が0《ゼロ》幕として想像すると聞いたことがある。まさに演じる人によって、観客にとっての想像の翼が広がるミュージカルだと思う。しかし、私がいつも疑問に思うのは、何故怪人には高貴な雰囲気が漂うのだろうか、という点だ。

たかが、サーカス小屋から逃げ出してきた憐れな男に過ぎないのに……。何故私は、彼に気品を求めてしまうのだろう？　そして、「私なら青年子爵のラウル・シャニュイより、オペラ座の怪人を選ぶだろう」と、まるで女子学生時代に戻ったように友と意見を交わす。あの頃、映画「風と共に去りぬ」でアシュレー・ウィルクスとレット・バトラーのどちらが好きかを話したように、である。

だからこそ、ラウルはただの若く家柄も財産もある男子であってはいけない。怪人は、年齢《とし》も長《た》け仮面の下の素顔が醜いから捨てられたのではつまらない。情熱にあふれ、自分もやがては年老いることなど考えもしない、輝くような若さを謳歌する美しい男だからこそ、クリスティーヌ・ダーエは怪人を捨てラウルを選ぶのだから。

それと同じ論理で、わがままで高慢ちきで最後は蛙《かえる》の声に代えられてしまうカルロッタ・ジュディチェルリは、歌がとびっきり上手でいてほしい。こんなにうまいプリマドンナの代役がいるのだろうか、と観客に思わせておいて、マダム・ジリーが「この子が歌えます」とコーラスガールのクリスティーヌを推薦したとき、彼女が「Think of Me」を歌う第一声で、いつもはっとさせられるのだ。歌い方ってこんなにあるのだ。情感あふれ、歌える歌手だからこそ、オペラ座の怪人は彼女を愛し指導したのだと納得させられる。

ラウルとファントム、カルロッタとクリスティーヌ、この四人の拮抗と均衡の中に、「オペラ座の怪人」の醍醐味はあると思っている。そんなふうにワイン片手の友人たちとのお喋りに花が咲く、こんな心の豊かさを提供してくれた劇団四季と俳優のみなさんに感謝している。

そして一九九三年、劇団四季初の専用劇場「ＪＲシアター」を誕生させた故・坂本眞一氏の功績を偲びたい。

私たちは北海道四季劇場で「リトルマーメイド」も「ウィキッド」も見たい、親子三代で「キャッツ」も見たい。——夢はふくらむばかりである。

女性たち、野球の宴

顔見知りの女性記者が言った。

「男の人は仕事と野球の話さえしていればいいけれど、化粧とかファッションについて知識のない私は、女の人と何の話をして良いのかわからないの」

新聞記者はほとんどが男性という四十年以上前の話である。何だかその頃は、「男には野球の話」というのがピンと来なかった。なぜなら私の父は官僚で、スポーツと芸能には興味を持たない人だったので、幼い頃、ラジオで野球中継を聴いた記憶が全くない。

そんな私でも一九七四年（昭和四十九）十月十四日、長嶋選手の引退セレモニーでのスピーチ「我が巨人軍は永久に不滅です」はＴＶで観た。ソファに座って夫と友人の医学生がそっと涙を拭っていた。私はといえば臨月のおなかを抱えていて、「男がそこまで感動するのか!?」といささか不思議だった。

確かに野球に興味を持っている女性は少なかった。しかし北海道日本ハムファイターズには、女性ファンが多いことは当初から知られている。それは広島東洋カープの「カープ女子」や、オリックス・バファローズの「オリ姫」よりもずっと前のことである。何故なのか？とよく質問される。その経過をたどってみよう。

二〇〇三年（平成十五）一月二十一日、ファイターズの監督トレイ・ヒルマンが北海道庁に女性副知事である佐々木亮子を訪ねた。「『野球を通じて地域貢献したい』『北海道に根を下ろすことによって野球の喜びや楽しさを分かち合いたい』と静かに語るヒルマン監督の清澄な眼差しを今でも忘れられない」と佐々木は書いている。

二〇〇四年、われわれは初めて北海道にプロ野球球団を迎えた。その翌年十一月二十八日、北海道日本ハムファイターズを応援する女性の会として、愛称「はまなすファイターズ」が発足したのである。名誉会長に高橋はるみ知事、会長に佐々木亮子、副会長は札幌市中央区長の下平尾文子と北海道東海大学助教授の町田佳世子、幹事長は企画会社「参栄」社長の棟方悦子という顔ぶれだった。

そもそも発足のきっかけは、ＪＲの坂本眞一代表取締役会長（故人）である。仙台に東北楽天ゴールデンイーグルスを応援する女性の会があることを知り、ぜひ北海道にも女性応援団をと声掛けを始めた。「北海道の女性は、一度火が付くと行動力があり、男性を動かす」と言うのが口癖だった。

そして、「女性の経済人を中心に、ＴＶやラジオなどのメディアからも北海道を代表する女性を集め、この球団を応援してもらいたい」というのが主旨であった。

「野球なんてそれまで見たこともない」と言う女性も多かった。いまでは笑い話だが、三塁側で応援する会員たちの中には、「どうしてみんな打った後、あっち（一塁方向）に行っちゃうのかしら……、こっちにも来てほしいわ」と言った人もいたそうだ。

はまなすファイターズは、「女性ファンが多い北海道の象徴的な存在」と言われ、私は二代目会長を二〇一三年にお引き受けした。

多分、野球マニアばかりが集まっていたら、はまなすファイターズはこんなにうまく行かなかったと思う。そして野球を知らない女性を魅了した立役者は、間違いなく新庄剛志選手である。女性たちは彼のハーレーダビッドソンのトライク（三輪バイク）に乗った姿に、地上五十メートルの高さからゴンドラで降りて来た雄姿に、ゴレンジャーの被り物のエンターテインメントに、それまでの「野球とは秩序と規律のスポーツ」という教えとは全く違う愉しさを見出した。

それは、東京から遠く離れた北海道だからこそできたことで、「ファンが喜ぶならいいんじゃない」と新庄劇場を球団も一緒に楽しんでくれたからである。知識豊富な男性たちが巨人軍に後ろ髪を引かれている間に、白紙だった女性たちをファイターズは獲得したのである。

ところで、私たちの主たる目的は地域間交流である。「北海道日本ハムファイターズを応援する会（会長＝村田正敏北海道新聞社会長）」と行動をともにし、キャンプ地の名護を訪れ、仙台では「楽天イーグルス・マイチーム協議会」、「稲虎応援団」との交流会を毎年行っている。二〇一七年春、当時の楽天は首位、ファイターズは最下位。その日から十連敗を喫することになるとは知らず、一泊二日のツアーで仙台を訪問した。

勝てる気がしない試合を見たものの、女性陣はＫｏｂｏパーク宮城名物の「ひょうたん揚げ」を分け合い、牛タン定食を二回食べ、地元で人気の「延命餅」を食べ、江戸時代から有名だと聞く仙台駄菓子を買い、榴岡《つつじがおか》公園の満開の桜を愛でて仙台を満喫した。

私たちは勝っても負けても応援し続ける。野次を飛ばさない、球場は汚さない。優勝パレードの後、あっという間に道路が綺麗になったのは、今では語り草である。

「ファイターズは北海道の誇りです」

と言った私に、球団の人から返ってきた言葉は、

「北海道のファンはファイターズの誇りです！」

野球は、それまで知らなかった愉しさに満ちた世界を私に与えてくれたのである。

＊敬称略、肩書きはすべて当時のもの

あとがき

ずいぶん無理しているな……と思った。自分の書きためた文章を改めて読んだ感想である。少女まんがの主人公のように自分を描いたかと思うと、次は露悪趣味である。

その昔、「恥ずかしいからこの題材は書くのをやめようと思ったり、周囲を気づかって筆が鈍るなら、あなたは良いエッセイストにはなれない」と誰かに言われた。その言葉に従い、容赦なく突き進んだ結果、いま読むとなんだか恥ずかしい。

私は三十代の後半から、文章を書き始めた。その頃に古川善盛さんという編集者と出会った。私の文についてさりげなく、時に厳しく、指導をして下さった。そのひとつが「読点をつけ過ぎるな。読む人が辛くなる」である。当時はかなり「、」を打っていたのだろう。彼に褒めてもらいたくて、ずっと「、」を付けるのを我慢したせいか、私の文には意識しないと読点が入らない。まだお元気なら出版の報告をしようと、先日お嬢さんと連絡を取ったところ、既に（二〇〇六年）他界されていた。眠るような最期だったと聞く。

最も収載に迷ったのは、同人誌「篝」に掲載した文章である。四千字もの文章を書けと言われてもさっぱり思い浮かばず、FM北海道に入社する直前の決心を書いた。が、あまりにも赤裸々すぎる。発表するからには誰かに見せておかねばと決心し、社長室に入り、二代目社長の田島豊明氏にお渡しした。

ものの二、三分で社長室から出てきた田島氏は、「素晴らしい文章だ」とにっこり笑って褒めてくださった。その返事もさることながら、新聞社出身の方は読むのが早いと驚かされたものだ。

掲載したエッセイは、年代順に並んでいない。登場した人物は本名もあれば偽名もある。一応連絡の取れる人には、了解を取った。FM北海道の番組に寄せられたFAXやメールも、題材にしている。あるお菓子屋さんを取材した時、「昔、中田さんの番組でFAXを読まれたことがあり、しかもその話を新聞のエッセイでも書いてもらいました」とパティシエールが、レジ横から切り抜きを出してきてくれた。そのFAXの内容を読んだスタッフ全員が、「それはひどーい！」と叫んだ、それほど記憶に残るエピソードの主である。彼女は、「この記事を見ながら頑張りました」と言い、私は目頭が熱くなった。

自分の半生を積極的に晒そうと思ったわけではまったくない。単なる思いつきなのである。友人でもある亜璃西社代表の和田由美と食事に行く途中、「私の文章、まとめて本にするかなぁ」と小さくつぶやいたら、こうなったのだ。

しかし、和田さんの編集と構成力は半端じゃない。おかげで、北海道に来てからの私の四十六年が、生き生きと蘇った。

この強面《こわもて》の、情が深い大親友に心から感謝している。

この本の散文的な題名も、私が十くらい書いた候補の中から和田さんが選んでくれた。少女（つまり私のこと）は昔、毎年のように海でキャンプをした。身体が魚のようになり、藻の間を泳ぐウミウシたちと遊んだ。

いまでは水着を着る勇気も、スッピンで歩く度胸もない。だけどビル街の中にいて、心はいつもあの頃の海に憧れている。

平成三十年六月六日

中田　美知子

初出一覧

中田美知子の館内放送
——マルサPR誌「コミュニティペーパー ウィ・ノン」（1985年10月〜1989年12月）
美知子の痛快トーク——「北海道新聞」（1995年1月〜1997年9月）
味わい上手——「北海タイムス」（1990年6月〜1992年4月）
六年目の離婚——同人誌「篝」（1988年2月）
ワンダフルMAMA——HCBカード会員誌「カードエイジ」（1990年4月〜1992年12月）
ひとつひとつの物語
——イオン北海道社内報「すくら夢」（2016年9・10月号〜2017年5・6月号）
「オペラ座の怪人」自己流解釈——劇団四季会報誌「ラ・アルプ」（2014年8月号）
女性たち、野球の宴
——北海道博物館第3回特別展図録「プレイボール！——北海道と野球をめぐる物語」（2017年7月）

■著者プロフィール

中田美知子（なかた・みちこ）東京生まれ。慶應義塾大学卒業後、ＨＢＣ北海道放送にアナウンサーとして入社。一九七四年に独立、一九八八年に株式会社エフエム北海道へ入社し、番組制作者兼メインパーソナリティとして活躍。第33回ギャラクシー賞（一九九五年度）「ラジオ部門　ＤＪパーソナリティ賞」受賞。エフエム北海道常務取締役を経て二〇一五年退任。現在は札幌大学客員教授、イオン北海道株式会社取締役（非常勤）ほか役職多数。北海道日本ハムファイターズを応援する女性の会「はまなすファイターズ」会長、ＢＰＷ札幌クラブ会長を務めるなど地域活動も行う。著書に『クロネコＢＯＯＫ倶楽部』（共著、青弓社）、『挑む～北の元気企業トップ50人の実像』（ＡＩＲ-Ｇ' ＦＭ北海道編、北海道新聞社）。

少女《しょうじょ》は、いまでも海《うみ》の夢《ゆめ》を見《み》る

二〇一八年六月三〇日　第一刷発行

著　者　中田《なかた》　美知子《みちこ》

装　幀　須田　照生

編集人　井上　哲

発行人　和田　由美

発行所　株式会社亜璃西社
札幌市中央区南二条西五丁目六－七
メゾン本府七〇一
ＴＥＬ　〇一一－二二一－五三九六
ＦＡＸ　〇一一－二二一－五三八六
ＵＲＬ　http://www.alicesha.co.jp/

印　刷　藤田印刷株式会社